ネットワーク社会の企業組織

個を活かし、組織を活かすマネジメントの土壌を求めて

公認会計士・税理士・博士(政策科学)
前野 芳子 著

清文社

#　まえがき

　今からもう10年余り前、異業種の仲間が集まっての勉強会で一冊の本に出会いました。それがドラッカー著「ポスト資本主義社会」でした。その頃には共産主義の終焉は確実になってきており、なんとなく資本主義社会が自然な社会の形だったのかと思っていた私に、資本主義社会も終焉に近付いており、「世界中が大転換時代に突入した！」という主張は驚きでもあり、いわゆる「バブル」がはじけたことが確実になりつつあった状況と照らし合わせて、妙に実感を伴って訴えてくるものがありました。

　その本の帯にあった「今、日本だけでなく、世界中が転換期にある。政治・経済・社会など、あらゆる領域で構造変化が起っている。果たして、この変化は何を意味し、いつまで続くのか？　そして、この大転換の後にどのような世界が待っているのか？」というメッセージは、直接的に私に危機感をもって訴えてきました。そう思って改めて回りを見渡すと、今まで好調に見えた企業が軒並み経営不振にあえぎだしており、余りに沸き立ったバブル経済の反動と軽く思われていた不況が、なぜか回復の兆しを見せず、これは今までとは違う波が押し寄せているのではないかという戸惑いがじわじわと沸き上って来ました。

　日頃企業の経営に近いところで仕事をし、一般の人よりよほどたくさんの企業や経営者の方々に接してきているとはいえ、長らく実務書にばかりなじんでいた私には感覚的には転換期に突入してきたことが感じられても、それが何なのか明確に理解できませんでした。もう一度基本に帰ってキチンと勉強しないと、企業の顧問をし、相談を受ければ経営のアドバイスもしている私は、公認会計士という資格はあっても張りぼてのような会計人になってしまう、そのような不安感と危機感を拭い去ることはできませんでした。

そのようなとき、ちょうど同志社大学大学院総合政策研究科が開設されたニュースを新聞で見ました。昨今ではそう珍しくもなくなっている社会人にも大きく門戸を開けた大学院のスタートでした。社会人になり毎日多忙に走り回っている自分には無理とあきらめていた研究生活がひょっとしたら手に入るかもしれない、急に自分の前にも道は開ける、そんな希望で胸が躍ったことが昨日のことのように思い出されます。それから1年ほどの準備期間を経て1996年に改めて母校の門をくぐり研究生活の第一歩を踏み出しました。しかし、仕事と学校を両立させての研究はともすると中途半端になりかねず、修士論文まではまとめたものの自分の中では理想とはほど遠いものであったことは否めませんでした。

　2年程度の学生生活でそのような成果を期待するほうが無理であることは当然のことなのですが、「これからの企業はどのような組織を持ち、どのようなマネジメントをすればよいのだろう」という当初からの問題意識に対する解答はまだ霧の中でした。そのような時に指導教授である太田進一先生から博士（後期）課程への進学という道もあることを示していただき、自分でも予想していなかった更なる道へのチャレンジを始めることができました。おかげさまで博士論文の提出にまでこぎつけ、同志社大学より博士（政策科学）の学位をいただき2005年3月になんとか博士課程を修了することができました。

　本書は大学院に進学してよりほとんど10年近くの歳月のなかで、少しづつ少しづつ積み重ねてきた自分なりの成果を、博士論文をベースにしてまとめたものです。できるだけ解りやすく表現しようと心がけたのですが、返って自分の底の浅さを思い知らされただけで、決して満足のいくものにはなりませんでした。博士の学位を取得したということは研究者としてスタートすることを許されたことであるとの教えに従って、政策科学という未知数の学問分野の片隅にこんな研究もあるのだとお伝えするのは私の義務であり、遅々として進まない研究に根気よくご指導くださいました指導教授の太田先

生をはじめ貴重なアドバイスを惜しまずしてくださった企業政策研究会の先輩方や仲間の皆さん、暖かく見守ってエールを送ってくれた友人達、妻の信じられないような研究生活にあきれながらも自由にさせてくれた今は亡き主人と、何で自分から進んで苦労して勉強するのかと異星人を見るように見ていた子供達への恩返しでもあると、勇気を奮って本書を出版させていただくことにしました。これら多くの皆さんに励まされ、支えられ、出版社の方々始め多くの方にお世話になったこと、心より御礼申し上げます。本書が何かのお役に立てたならこれほどの幸せはありません。ありがとうございました。

2006年1月

前野　芳子

目　次

はじめに
序　章　個を活かし、組織を活かすマネジメントの土壌を求めて …………………………………………………… 1
　　第1節　問題意識について …………………………………… 1
　　第2節　政策科学の研究者として …………………………… 5
第1章　現状からの考察 ………………………………………… 17
　　第1節　社会の現状・ネットワーク社会 ……………………… 17
　　第2節　社会・企業・従業員の関係 ………………………… 27
　　第3節　企業の現状 …………………………………………… 32
　　第4節　組織革新への試み …………………………………… 47
第2章　理論の変遷 ……………………………………………… 59
　　第1節　経営学の流れのなかで ……………………………… 59
　　第2節　新ホロニック理論 …………………………………… 63
　　第3節　人間観の変遷 ………………………………………… 67
第3章　ネットワーク社会における企業 ……………………… 77
　　第1節　パースペクティブシフト ……………………………… 77
　　第2節　ネットワーク組織 …………………………………… 84
　　第3節　現代社会におけるマネジメント …………………… 93
第4章　組織についての提案 …………………………………… 116
　　第1節　マルチレイヤー組織 ………………………………… 116
　　第2節　マルチレイヤー組織の具体案 ……………………… 123

第 5 章　新しい企業組織の発見 …………………………… *127*
第 *1* 節　ED コントライブ株式会社 ……………… *128*
第 *2* 節　その他の事例（部分活用事例）………… *137*
終　章　マルチレイヤー組織導入に向けて ……………… *141*
第 *1* 節　組織心理学の観点より ………………… *141*
第 *2* 節　まとめにかえて ………………………… *151*
あとがき …………………………………………………… *161*
参考文献リスト …………………………………………… *163*

序章　個を活かし、組織を活かすマネジメントの土壌を求めて

第1節　問題意識について

　会計というのは、企業の実務の中で長年にわたり慣習として発達したものの中から、一般に公正妥当と認められたものを、帰納的に要約したものを基準として動いています。会計上のルールや処理手続きは、企業間での比較や時間の流れのなかでの状況の変化をみるのに有効であるために、全ての企業における会計実務や企業会計監査の現場において遵守され、この会計ルールに基づいて判断され、処理されることになっています。新しい取引形態に遭遇して、企業それぞれにおいて別個の判断や処理がなされることがあると、有価証券市場をはじめとする秩序を、根底から揺るがす危険があるので、会計上のルールは常に現状を反映させるように改定され続けています。会計はこのように企業実務に直結していますので、社会の変化や企業の変化は、時を経ずして直接的に会計に影響を及ぼし、会計は実態に即して変化することになります（図1）。

　ところが近年、監査や会計の実務がまだその基準を明確に確立するまでに、取引形態や企業の行動がまだまだ変化していくというような、とどまるところのない動きが見られるようになってきています。また、その反面、会計や監査が発信する情報を受けて、社会や企業が反応し変化するという現象も、顕著に見られるようになってきています。近年の、会計基準の国際化による

図1　会計（監査）と社会と企業の関係

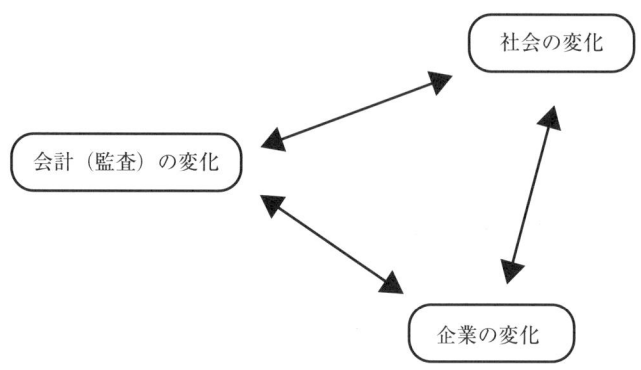

出所　2002年10月　前野芳子　作成

時価情報の開示や債権の評価基準の改定が、金融ビッグバンを後押しし、企業破綻を促進したという見方もあるくらいです。減損会計が実務の中に定着すると、含み損が表面に出てきて企業体力が一目で分かるようになり、株価等に影響するとも予想されます。

株主をはじめとする市場への説明責任も厳しく要求され、社長の業務の大きな部分を投資家への説明が占めるような時代になってきているので、企業の経営成績や財政状態を示す財務諸表は、単なる過去情報のディスクローズにとどまらず、将来情報も含むことになってきています。そうなると、会計はまさに企業の全体像を市場に向かって公開し、市場の理解や投資を取り付けるための重要な要素となるわけですから、企業の経営・戦略・組織と会計は一体となります。

このような、会計の現場で働く職業的専門家の一つである独立している公認会計士としての立場から見えてくる企業の現実は、企業規模や業態とは関連なく出現していると思われる、いわゆる「勝ち組・負け組」の二極化現象であり、その中で成長と生き残りをかけた経営者の命がけの戦いの姿です。

数々の企業の経営を見ておりますと、それぞれの業種・規模・取り巻く環

境は違っても、その時々の変化に対応する事の難しさをひしひしと感じます。戦後の高度経済成長と言われた時代には、物質的に豊かな生活を求めて、ひたすら生産を増加させる事に専念すれば、社会全体のパイは増大し、結果として個々人の豊かな生活が実現できると信じられました。そこでは、企業に対する忠誠心を持った、素直で一定以上の学力が保証された上質の労働力が大きな力となり、トップの命令に従いチームワークよく働く労働者を豊富に持った、模倣と改善の得意な日本企業は世界に注目される成長を遂げてきました[1]。

しかしながら、昨今の企業社会の現実は、激変する経済環境の中でどれほどすばやく自社を取り巻く環境の変化に対応できるかが、企業の優勝劣敗の決定要素となってくるということを明確に示しています。現実に、ある業界が活況を呈している時、その業界に属するすべての企業の状況は押しなべてよいというこれまでの図式は見られなくなっており、同じ業種であっても、あるいは同じ製品を扱っていても、優勝劣敗が明確に出てくるようになってきています。その原因は、経営者個人の経験や勘をはじめとする人間的能力や景気の好不況ではなく、世の中の動きに対し即応できる、スタンスのやわらかい組織になっているか、そして半歩先を読むための情報の流通の流れに乗っているかどうかの違いにあるように見えます。

数々の事例が、状況に即応して勝ちを収めているケースと、逆に、後を追いかけて失敗しているケースとがあることを示しています[2]。昨今の経営環境はめまぐるしく変化し、「みんなで渡れば怖くない」「バスに乗り遅れないように」といった経営手法は役に立たなくなったどころか、このような、周りの状況をうかがいながら一番ではなく、確実であることをねらって二番手でいこうといった手法は、発展が望めないだけでなく命とりになりかねない様相まで示してきています。

企業も個人も、自分の知恵で未来を切り開いていかなければならない時代になってきたという事なのではないでしょうか。その上、国際化や情報化を

はじめとして、激化の一途をたどっている企業環境を見るに、その変化のスピード・範囲は、従来には想像もつかなかった規模となっています。そして、それは誰一人今まで経験したことがなかった状況を呈してきているのです。私はこの激化する環境変化の中で企業が生き残り、成長するためには、今までの安定的成長が当然とされていた時代の手法や考え方を、根本的に見直す必要があるのではないかと考えています。

近年の企業を取り巻く環境の変化は、何に根ざしており何を意味しているのか、企業はその変化に即応し、常に成長発展し続けるためにはどうすればよいのか、そのためには何が必要なのか、といった現状の観察や分析から見えてくるもの、経営の現場で希求されているものを明示的に探求することによって、あるべき企業組織の仮説を導き出さねばならないのです。

「事業の成功とは、環境の変化と事業がマッチしたときをいう」[3]「環境の変化をそのまま受け入れ、自分たちも変わっていく。革新に挑戦し続けることがビルトインされているような組織が、今こそ求められています。」[4] という言葉の示唆するものは何なのでしょうか。環境の変化に対応して、企業経営は変化し続けなければならないということならば、変化し続けるためのマネジメントと、それを可能にする「場」としての組織が必要となるのではないでしょうか。昨今の情報化・国際化と言われる環境の変化は何を意味し、企業組織にどのような要求を突き付けているのかを考え、激変する環境の変化にも適応し成長を続ける企業に必要な、新しいマネジメントの手法、考え方を通して、これからの企業組織のあるべき姿を見出したいとずっと考えてきました[5]。それを明らかにする仮説を構築すべく研究したことをこの本にまとめられればと願うものです。

第2節　政策科学の研究者として

　現在、我々を取り巻く環境は、過去に誰も経験したことがないような新しい様相を呈してきています。このような激変している状況にあっては、企業活動だけでなく全ての活動は時間と距離を超越して複雑に絡み合い、「バタフライ効果」[6]などと言われるような、地球の片隅のごくわずかな動きが、思いもかけないところで予想もできない大きな結果を呼ぶというような現象をもたらしています。ひとつの原因が必ずひとつの結果をもたらすとは限らず、ひとつの事柄に及ぼす影響は急激で予測不可能になっているのです。このような、今までに誰もが経験しなかった現実を直視し、解決策を見出すにあたって、既存の一分野の学問的アプローチではその一部分に光を当てることしかできず、それでは見えてこない何かがあるのではないでしょうか。それは、現実の問題の一部分にスポットライトを当て深く追求することが無意味で不必要であるという意味ではありません。そのような研究とは別に、全体を大きく俯瞰し、複雑に絡み合った現実をそのまま対象として研究しようという、新しいアプローチによって、新しい成果を目指すことができるのではないかという、一つの可能性を見出したいと考えているということです。そしてそれが、総合政策科学という新しい学問分野の研究者としての私に託された使命ではないかとも考える次第なのです。

　経済発展の歴史は、人々が生活様式の利便性と効率性を求めて、個人のニーズ、社会のニーズ、企業のニーズを変化させてきた歴史[7]でもありますが、物質的豊かさを追い求めてきた結果が充足されつつある昨今、効率性を至上の命題として走り続けた結果として、公害に代表されるような自然破壊が起っています。また、人間を労働者とか消費者といったふうにみる一面的な人間観は、コミュニティや家庭の崩壊にまで至ろうとしています。「人々の豊かさへの欲望はただ単に利便性と効率性を充足すれば事たりる物

質的なものだけではなかった」[8] ということに我々は気付き始めています。豊かさへの欲望の本質が、精神・物質両面を包含したものであることに気付き始めたのです。これら人々のニーズが、グローバル社会における共生の未来を探り始め、豊かさを求め幸福を希求する人々に価値観の転換を迫り、ビジネスの場においても哲学的課題を突き付けているのです。人々は自らの「存在」や「時間」「場」などについて改めて考えるようになってきています。思想や哲学や倫理が、経営学やビジネスの問題として語られるようになってきているのです[9]。この動向は理論と実践を接近させることになり、情報化社会の到来は、情報発掘と要因分析の科学的思考を促していると同時に、それを可能にするという新しい世界へ人々を誘い、視界を広げさせました。

近年、政策科学がひとつの学問分野として認知されてきたのには、このような急速な環境変化とそれへの対応の混迷化があるように思います。この混迷は企業活動の現場だけでなく、ひろく社会活動全般に及んでおり、そこからもたらされる今日的な課題は、複数の分野が相互に密接に関連しています。したがって、提示された問題や課題は、視野を広くして、既存の固定観念にとらわれない創造的な政策を立案し実施しなければ、解決が困難であると考えられるようになっているのです。学問の分野でも、既存の過度に専門化・細分化された社会科学単独では、有用な解決策を提示できなくなっているということへの反省を踏まえて、新しいアプローチのひとつとして、総合政策科学にスポットライトが当てられてきたのではないかと思っています。

政策（Policy）とは「不特定または多数の人々ないし組織・集団にかかる施策の方針または目標」であり、政策科学（Policy sciences）とはその「政策の形成過程、実施および結果を体系的に明らかにする学問」と定義されています[10]。ならば、総合政策科学は、政府部門や行政部門の政策だけではなく、企業などの民間部門の政策にも、NPOやNGOといったその中間的な組織にも、共通する理論や理念を構築するものでなければならないでしょう。その上、複雑に絡まりあって加速度的に変化し続ける現在の状況においては、政

府部門の政策も民間部門の政策も含むあらゆる政策の相互作用をも解明する必要があるので、それにも資するものでなくてはならないと考えています[11]。そのように考えると、総合政策科学で取り上げられる企業政策には、政府や行政が企業に対して実施する施策としての企業政策があり、企業が自らの経営のために実施する諸施策としての企業政策があり、企業と企業をとりまく環境の相互の意思決定過程を扱う分野、政府・行政と企業の相互の関係を研究する分野等種々の分野が派生してくると思われます。

他方、総合政策科学の方法は「総合政策科学入門」に「人間性の支配する社会の実現を目標とし、既存の専門分野及び学際的領域を総合して研究する方法」とあり具体的には以下のように述べられています[12]。

① 個別専門領域に拘泥せず、政策問題を常に多元的な要因の相互作用として動態的に捉える必要がある。
② 問題を探索し、解決すべき課題を明確にする。
③ 高度に進歩した既存の科学の多彩な方法・技術を柔軟に駆使する必要がある。

これらで述べられていることは、経済学や経営学をはじめとする社会科学全般に求められていることでもあるでしょうが、その中でも、現代社会の高速化や複雑化に対応して、実社会に研究成果がフィードバックされることが望まれる研究分野としての総合政策科学には、特に求められているのではないかと考えています。総合政策科学には、現代社会をよりよい状態に導くための具体的かつ実践可能な指針を提供する研究分野であることが、求められているということなのでしょう。

私はその中でも、企業政策を、企業が社会や従業員との関係の中で意思決定し実践する諸施策として、企業経営の側から捉えようとするものです。このようなスタンスで、企業がこの激変する環境に対応してどのような戦略をたて実践すべきか、そしてそれを可能にする企業組織とはどのようなものであるかを研究テーマとしています。このようなスタンスでの研究が、総合政

策科学ならではのアプローチとなると考えるのは主として以下のような理由です。

　一つは、学際性という視点です。経済学や経営学をはじめとして、社会科学分野の研究は、人の集まりを取り扱う研究分野であり、究極的には我々の生活している社会をよくするための諸施策を提案する命題を負っていると言えましょう。とするならば、企業政策を研究するフィールドにおいても人間の問題は避けて通ることはできません。しかも、ある一面からだけ捉えることの有用性についての反省の声も聞こえてきています。その上、対象とされる人間（の集合）を今までの研究のように、人間は合理的に判断し行動するとか、企業は利益を追求することを至上目的とするというように一面的に割り切って前提としてよいのであろうか、という問題提起もあります。これら、かつては当然とされてきた前提などの見直しも必要でありましょう。人・企業・社会を見る新しい視点とアプローチの必要性を痛感するところです。人とその集合の行動を分析研究し、全体として関係合理性を基準として考えていくといった視点を横軸として、経営学、会計学、経済学、心理学といった既存学問分野の研究成果を縦軸に、相互に関連を持たせながら絡ませて研究することによって、総合的にマネジメントや組織を考えるのは、総合政策科学であるからこそのアプローチであると考えています。

　二つめは有用性の視点です。どのような研究分野であっても、研究のための研究はなく、何らかの形で実社会にその研究成果が還元されることが望まれるものでありましょう。特に社会科学の分野は、現実の必要性から出発し、研究対象を分析し、その成果を持って貢献することが最初から予定されている研究分野ではないでしょうか。経済学も経営学も、本来的には社会に役立つ理論を提供するものでありましたが、長年の間に研究は深耕され、ともすれば理論のための純粋培養となってしまったという批判も見られます。私は、政策科学にかかわらず、社会科学にはその本来的使命として社会の要請に応え得る理論構築が望まれていると考えています。そのためには抽象論に終始

せず、経営者の求めに応え得るものであるため、組織の構築・運用に関する具体的なプロセスや必要要件にまで触れることも必要であろうと考えます。

　その中でも、総合政策科学は、個別専門領域に拘泥せず、現実社会における問題を探索し、その中から解決すべき課題を明確にし、それを多元的な要因の相互作用として動態的に捉え、既存の科学の多彩な方法・技術を柔軟に駆使し解決策を提示することにより、解決に導く仮説を提供するものであります[13]。この視点を踏まえて考えると、総合政策科学における企業政策に関する研究成果として提示されるべき仮説は、単に既存研究の延長線上に位置する理論だけでなく、企業経営にとって有用で実践可能なものであることが求められていると考えられます。課題に対して既存研究分野の成果を横断的に駆使して、実現可能な解決策を導くという政策科学の研究者に対する要請を痛感するとともに、それに対して一つのチャレンジをしようとするものです。

　ここで、このような流れの背景と現状認識について、ふれておかねばならないでしょう。そこには、一研究分野だけにとどまらない、社会全体におよぶような価値観の変遷があるのです。

　近年、人々の価値観が急激に変化してきています。大きくは共産主義の崩壊に見られ、卑近なところでは、粗品やおまけが品質のよいものであっても自分が気に入らないものなら受け取らない人が増えてきたというような現象に現れています。また、ビジネス雑誌やノウハウ本を見ると、知識を埋め込んだサービスや製品の提案が溢れてきています。たとえば、過去には見られなかったビジネスとして、専門家の知識を活用するという観点から、マネジメントコンサルタント市場が発展してきていますが、これらコンサルタントの知識を安価で利用できる会員制のウェブの運営とか、ベストプラクティスのデータベースのように、個々のコンサルタントが利益を獲得した経験の一部を、コンピューターシステムやデータベースに成文化したパッケージがあります[14]。

知識ビジネスとしては、知識は主要な二つの方法により製品に濃縮されています。まず、それは製品の一部として埋め込まれ、次にそれは補完的なサービスとして中心的な製品を取り囲む形で使用されています。ソフトウェアアルゴリズムや、状況から学習する神経系ネットワークや、化学薬品においても、多くの方法で知識は製品に埋め込まれています。高性能な製品は、刺激に対応するよう事前にプログラミングされた反応を学習する知性を持つものとして市場に提供されています。その結果、多くの知的製品は、多様な源から知的情報を集積し検知し適切に行動することになります[15]。

　大抵の知識は、製品の開発に使用されていますが、製品中に実際に埋め込まれない知識は、その使用において利用されています。工学会社は、製品のユーザーにコンサルタント業又はトレーナーとして知識を売ることによって、製品に使っていない開発知識の一部を商業化しています。また、技術文書のフィールドでは、そのようなアプローチを使うことは、情報の品質と信頼性を改善するということが知られています[16]。

　このような流れは、知識という無形のものの価値を人々が認め出したということを示しており、そのようなものを流通させたり、蓄積したりできるようになったということを物語っています。これはまた、物質的な豊かさが満たされつつあるということをも示しています。マズローの「欲求5段階説」を待つまでもなく、人の欲求や満足は、まず人間として生命を維持することから始まり、快適な生活を求めるという段階に移行するのは自明のことです。産業革命によって、人々はそれ以前とは比較にならない便利な生活を手に入れました。近代科学に裏付けられた技術の進歩は、無限の可能性を秘めているとすら信じられてきました。

　しかし、近年になって技術が進歩すればするほど、我々は技術の進歩によって得られないものが存在することを悟らされ、自然の営みに人為を加えることの恐ろしさを肌身に感じつつあります。また、情報技術の発展は人々に知識を平等に与えるので、人々の意識を大きく変化させます。ここにきて、

物質的豊かさのみを追い求めてきたあり方が反省され、そのような思想に基づいて繁栄してきた産業社会のあり方が見直されようとしているのです。ビジネスの現場では、その製品やサービスにいかに目に見えない付加価値を付けるかが差別化につながることを学びつつあり、物質的な価値基準のみを判断基準にすることのむなしさや危険性を、経験的レベルで思い知らされつつあります。共産主義も終焉をみましたが、古典的な意味での資本主義もまたその限界を迎えていると言わざるをえません。

「資本主義発展の主役を演じてきた『企業組織』は、近代の知が生み出した"装置"(制度)」[17]であったと言われていますが、この資本主義の発展を支えてきた経済や経営の論理の根底には、19世紀に構築された物理学をモデルとする「要素還元主義」があると考えられます。この産業革命以後の市場経済の発展を支えてきたものであり、近代科学の多くの学問分野で、また、日常生活における我々の思考においても当然とも言える自然さで受け入れられてきた要素還元主義的考え方を見直そうという動きが見られます。

この要素還元主義とは、ある問題を解決する時にまずそれを構成している要素に分解し、ノイズを取り払って純粋な形にし、あらためてそれを組み立てて問題解決に結びつけようという近代科学全般に通じる考え方のことです。この考え方の究極の延長線上に人口頭脳の研究などが存在していたと思われますが、かつては、これが実現しないのはIT技術が未熟なせいであり、IT技術が発展さえすれば実現可能であるとされてきました。しかし、人間の体を細胞レベルにまで分解し、それを寄せ集めても人間の体にならない、たとえクローン技術を駆使したとしても同じ人間は作れないことに端的に示されるように、このような考え方では真の解決には至りません。このことを認めることによって壁を越えようという動きが見られるようになっているのです。

この要素還元主義の考え方に対する反省を踏まえ、近年スポットライトが当てられてきているパラダイムの一つに複雑系の考え方があります。経済学など社会科学の分野だけでなく、多くの学問分野でこの考え方による理論構

築がすすんでいますが、複雑系そのものである人間と、その人間の集合体であるこれまた複雑系そのものの企業や社会を観察し分析するにあたって、学問分野でのこのパラダイム転換は、企業を取り巻く環境や企業そのものの現状分析をする際に力強い理論根拠を与えてくれます。

経営学などで研究されてきた、企業における「標準化」「分業体制」「労務管理」「階層組織」などはこの「要素還元主義」の経営管理への応用であると言えます。産業革命以後の大量生産の時代には、効率性が追求され、まさにこれによって企業は大きくなってきたと言えます。企業はこの「要素還元主義」によって大きく拡大発展し、我々も豊かさを手に入れたのですから、それが悪かったと否定するものではありません。しかしながら、その結果、公害に代表されるような自然破壊が起こり、一面的な人間観はコミュニティや家庭の崩壊に至ろうとしています。これは単に経済や経営の問題に留まらず、我々が問題を解決しようとするときのごく無意識の行動にまで浸透しているのではないかと考えられます。

すなわち、我々はごく自然に、何か解決すべき問題が提起されると、まず複雑に絡み合った要素とそれらの相互作用の過程を、個々の独立した部分に分解し、その分解した部分を説明できる単純な原理や法則を発見し、それを改めて重ねあわせて全体を説明し、解決方法を見出そうとしているのではないでしょうか。つまり、従来の科学のモデルは、現象の深部あるいは背後にいまだ知られざる確たる真理が存在していることを前提としていました。どこかに信頼できる原理なり法則なりがあり、それを純粋化し理想的な形にすることでノイズを除いた重要な部分を取り出し、それをもとに近似的なモデルを構築できると信じられてきたのです[18]。

この我々に染み付いた要素還元主義によって捨てさられて来た"何か"があり、それがここにきて我々の中で不協和音のようにこだましはじめているように思われます。人間も歯車の一つであるかのような扱いで管理手法が述べられていたり、経営者の意思決定は常に完全な情報に基づき合理的になさ

れるというように、「科学的思考」を前提として語られ、その中心的命題は効率性の追求であるとされ、理論構築がなされてきました。このような、いわば西洋思想の行き詰まりから、新しい視点として「全体論」(ホーリズム)が主張され出したのではないかと考えられます。

　私は、近代科学の発展の基礎となった「要素還元主義」をまったく否定するものではありません。その効用は十分に大きく、今後も大いに役立つであろうと考えてもいます。しかしながらそれと同時に、複雑なものを複雑なまま認識し考える視点と、それに基づく理論の構築も必要とされてきていると強く感じているのです。

　次に、これからの記述を進めるにあたっての、組織についての認識を述べておこうと思います。この本では、組織をトーナメントの組合せ図のような静態的なものとして捉えるのではなく、もっと動態的に Management と Strategy と Organization が三位一体となったものと捉えています(図2)。かつての組織または組織構造の研究の多くは、それを分業の体系として捉え、いかに効率的に活動させるかが、その主たるテーマになっていました。トップの指示をいかにスピーディに正確にボトムに伝え、ボトムからの報告・連絡が間違いなくタイムリーにトップに伝達されるためのシステムとして組織のあり方が考えられており、各部署間の調整や協力が上手く行えるようにするための構造や手法に焦点が当てられていました。伝統的な経営学における管理原則である「命令の統一原則」[19]、「階層の原則」[20]、「専門化の原則」[21]、「統制範囲の原則」[22]、「権限委譲の原則」[23] などはこのような管理原則によって効率的な経営を可能にするとされてきた、その成果に他なりません。

　これらは実際の管理者の経験を観察するなどして多くの研究者によって引き出されたものですが、この背景には産業革命以降もたらされた大量生産の考え方があります。高度経済成長の時代は物質的な豊かさの追求こそが正義であり、人々の幸福の源泉であるという価値観に支えられていたので、高品質で安価な製品を大量に供給することは社会の要請であり、それに応えるべ

図2　組織の定義図

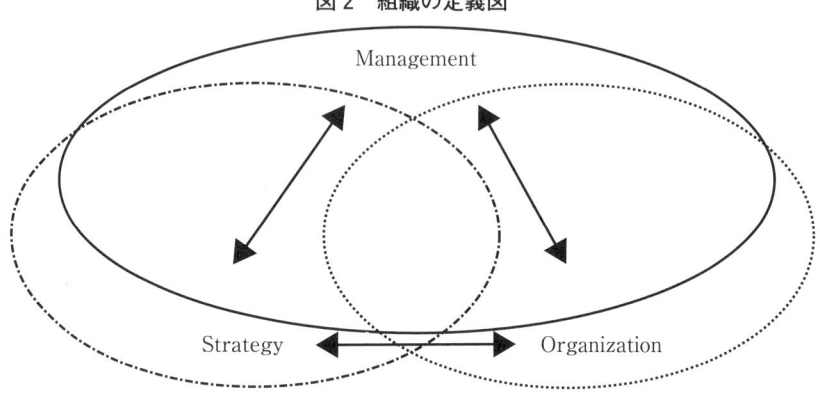

出所　前野芳子　2002年1月作成

く生産の効率化が研究され、その成果が歓迎されて受け入れられてきました。それらの成果の恩恵にあずかって今日の豊かな世界が出現したことも事実であり、その成果は誰しも否定できないところでありましょう。

　しかしながら、今日、物質的に満たされた社会は精神的豊かさを求めるようになり、物質的な豊かさを求め便利な社会の出現を望むといった一元的な目的意識は消えつつあります。個人の価値観は多様化し、各人の生き方も多種多様になってきています。その上インターネットをはじめとする地球規模での情報ネットワーク化は、個人があらゆる情報を受発信するチャンスと道具を人々に与えたので、もはや人々を力や権力でもって強制的にひとつの方向に向けることは不可能となりつつあります。このような現代社会においては、企業においても資金や権力といった力による支配は通用しなくなり、企業トップは与えられた地位や物質的な力で経営するのではなく、その卓越した能力や先見性で企業をリードすることが求められるようになっているように思えます。また、情報の受発信が一部の限られた人々に与えられる特権でなくなっているうえに、企業を取り巻く環境の変化のスピードは加速度的に増大しているので、限られた企業トップが意思決定して組織をリードすると

序章　個を活かし、組織を活かすマネジメントの土壌を求めて　15

いった方法では環境変化や市場の要求から取り残されてしまうのではないでしょうか。

　かつて優れていると考えられていた企業組織とは、資金力や社会的権力をバックに持ち、誰でもが入手できない情報を入手できる有利なポジションを獲得した経営者が、その意思決定通りに組織を効率的に運営するのに適した組織構造のことでした。しかし、人々の価値観の多様性にともなって、物質的な価値や職制上の地位が人々の満足に必ずしも直結しなくなってきたので、「力」による運営は行き詰まってきています。また、トップの意思決定に従って指示命令が現場に伝えられ、連絡や報告によって現状把握がされるといった方法では、環境変化のスピードに即応できなくなってきており、時によってそれは致命的なリスクにすらなりかねないようになってきています。すなわち、過去と同じ企業組織のままでは対応できないことが、否応なしに突き付けられているのです。

　今求められているのは、既存の組織構造の不具合を改善するといった方法ではなく、もっと抜本的な見直しでありましょう。ここに至って、組織をその整備状況という静態的部分と、それがどのように活動しているのか、あるいはどのように働かせているのかという動態的な部分を別々に研究することは意味がなくなるのです。チャンドラー（Chandler）の「組織構造は戦略に従う」[24]という言葉が示しているように、組織は企業活動の全てとつながり、マネジメントや戦略遂行に代表される組織活動との関係を分断された組織構造はあり得ないのです。そこに、静態と動態、ハードとソフトを一体的に捉え、組織を構成する人と人、人と組織、戦略と組織、管理と組織などを関係性で捕らえ、その全体を「組織」というくくりで研究対象とすることの意義を見出すものであります。

1）〔前野98〕1～3、36～40ページ
2）例えば〔西室・野中97〕38～39ページ
3）常盤文克元花王株式会社社長1998年8月トップマネジメントフォーラム特別講演よ

り。ダイヤモンド・ハーバード・ビジネス 1997 年 12 月・1 月号　63 ページにも同様の内容のインタビュー記事あり
4）　同上
5）　〔前野 99〕125 ページ
6）　複雑系を説明しようとするときによく用いられる「北京で蝶々が羽ばたけば、ニューヨークの天気が変わる」という喩え。原典や言葉の由来については諸説がある
7）　〔太田・阿辻 01〕37 ページ
8）　〔太田・阿辻 01〕37 ページ
9）　〔林 03〕参照
10）　〔大谷・太田・真山 98〕1 ページ
11）　〔大谷・太田・真山 98〕15 ページ
12）　〔大谷・太田・真山 98〕4〜5 ページ
13）　〔大谷・太田・真山 98〕4〜5 ページ
14）　一例をあげると、アーサー・アンダーセンはデータベースの集大成とそのコンサルタントが使うイントラネットを構築し、アーサー・アンダーセンのコンサルタント自身が使用するデーターソースのクライアント版として 1998 年 2 月にはナレッジ・スペース（http://www.knowledgespace.com を開始している〔Skyrme99〕第 7 章参照
15）　例えばリアルタイムに最適のルートを調節するために、車両ナビゲーションは、交通の流れ、地理的位置と、目的地を統合して、現在の情報を表示する〔Skyrme99〕
16）　インフォメーション・マッピング・メソッド（ロバート・ホーン開発）のユーザーは故障発見及び修理マニュアルにおいて、なんと 60％から 90％以上にまでなった精度の改良を報告した〔Skyrme99〕
17）　〔佐藤 97〕175 ページ
18）　〔吉永 96〕参照
19）　組織の各メンバーは一人の上司から命令を受けなければならない〔伊丹　加護野 96〕249 ページ
20）　組織内の命令や報告などの伝達は、組織の階層にそって行われなければならない〔伊丹　加護野 96〕249 ページ
21）　仕事を専門化することによって能率を上げなければならない〔伊丹　加護野 96〕249 ページ
22）　一人の上司が管理する部下の数は限定されなければならない〔伊丹　加護野 96〕249 ページ
23）　日常的な仕事に関しては部下に権限委譲しなければならない〔伊丹　加護野 96〕249 ページ
24）　〔Chandler62〕参照

第1章　現状からの考察

第1節　社会の現状・ネットワーク社会

　昨今の経済社会で起こっている様々な事例を観察しますと、そこにはポジティブ・フィードバックの働く世界が、顕著にしかも地球規模で出現していると認めざるを得ないように思います。例えば、OSのWindowsがデファクト・スタンダードとなっている事例、ビデオでのVHSの勝利、ゲーム機の分野でプレステーションが成功した事例などはこのポジティブ・フィードバックの働く世界の出現の好例と言えます。このような社会における事例を通して、企業を取り巻く社会は明らかに変化してきていると指摘され、これをして複雑系社会の出現が見られると言われて久しくなっています。このポジティブ・フィードバックという動きについては「外部経済が働く」と言った説明ですでに述べられていたところもありますが、その部分にスポットライトをあて、現代社会の特質として取り上げられるのは、そのような現象が特別な一部分における現象でなくなってきているという認識によるものです。といって、産業革命以後の大量生産の理論（ネガティブ・フィードバック）が働く世界がそれにとって代わられたというのではありません。今までは特殊な場合に存在しているとされていた収穫逓増の法則が働く世界が、広範囲にかつ一般的に出現し、現代社会で生活する人間も企業もそれを無視し得ないまでになって来たということなのです。

私は、そのような複雑系社会が出現するに至った主たる原因は、高度情報化、高度なIT技術に裏付けられたネットワークの出現に求められると考えています。したがって、現代の（複雑系）社会における企業組織・企業経営を考えるにあたってはネットワーク社会のもたらす影響の考察が必要不可欠なものであると思うのです。

　一般的に情報化と言われるものには、ハード面での発展とソフト面での発展とがあると考えられますが、その双方があいまってシステム化を招来し、システムが拡大発展しインフラ化しネットワーク化するに至ったのが現在のネットワーク社会です。ネットワーク社会での情報の流通は「時間と空間を超越した」と言われています。ここでは、情報は一方的に受信したり、発信したり、貯蔵されるものではなくなり、受け手によって取捨選択され、取り込まれ、変換され成長してまた発信されるというプロセスが同時的にマルチ方向に行われています。その結果、情報それ自身も、その受発信のなかで、成長しながらハイスピードで拡散していくものとなったのです。また、情報技術の飛躍的な進歩によって、情報の伝達は量も速度も加速度的に増大し、質的にも多様化の一途をたどっています。現代社会では、情報は瞬時と言えるようなスピードでの受発信が同時に多数なされるようになっているので、受発信相互の影響は、マルチ方向に無限とも言える広がりを見せるようになりました。情報の流れるスピードが緩やかな時代においては、一定の期間内においては環境は不変と仮定し、その中で原因と結果の因果関係を分析し考察するという手法で、未来を予測し、計画的に活動することができるとされてきました。すなわち、図3に見られるように、Aから発信された情報がBに伝わるのにまず時間が必要とされます。そして、Bの中で情報に反応して変化が起こり、それが外部に伝わり認識されるのにまた時間を要します。そのBでの結果がより遠方のCに伝達され、Cでそれに反応して変化が起こり、その結果が外部のDに伝わり認識されるのに、また時間がかかる、といった具合に情報の伝達はゆっくりとしたスピードで進み、その反応の

図3　従来の情報の受発信　　　　**図4　現在の情報の受発信**

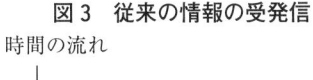

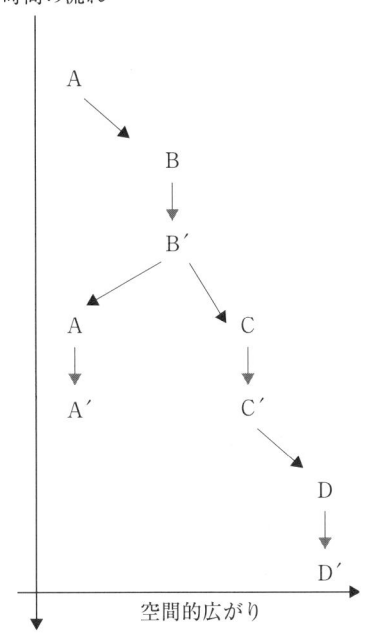

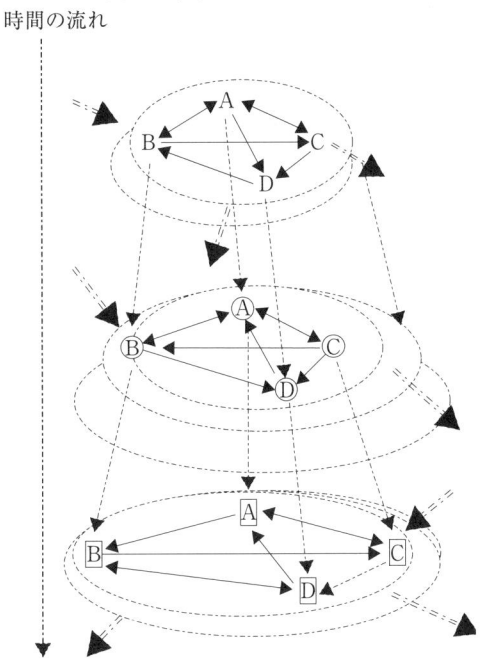

出所　前野芳子　1999年5月作成　　　出所　前野芳子1999年5月作成
　　　　　　　　　　　　　　　　　　　　　　　　　（2003年12月変更）

フィードバックや他への伝達も、時間的にも距離的にも制限がありました。そのため、長期的にみれば、現実にはそれぞれが影響し合い、必ずしも直線的な関数で表せるような単純な行動をしていなくても、ある空間と時間の中では、かなり単純なモデルに置き直して説明し、分析したり、予測しても不都合はなかったのです。

　しかしながら、1980年代後半頃からの情報革命と言われる急激な変化の中で、まず距離的な問題は制約に入らなくなりました。したがって図4に示したように、従来であったならば到底情報の伝達など考えられなかった遠くからも、情報の伝達は容易となっています。その上、情報の伝達速度がほ

とんど瞬時と言えるほど高まってきている為、情報の受発信は従来と同じ時間の幅の中では双方向として認識されるような様相を示しています。

その結果、時間の経過に従って順番に変化していくといった、一方通行の変化ではなく、次の瞬間にはそれぞれ関連し合うAからDまで全てが新しい自己になっているような図で示せるような動きが起こるのです[25]。要素のみに焦点をしぼり時間の経過と共にその変化を観察するといった一方向的な論理は現実問題として有用でなくなったのです[26]。

ネットワーク社会では社会の構成員たる個人や企業が社会に働きかけ、社会が変化し、その変化に対応する形で個人や企業がすばやく行動を修正し、それがまた瞬時に社会に影響を及ぼし、それにまた他の個人が反応する、といった動きがハイスピードで絶え間なくマルチ方向に発生するということです。その結果、この情報のマルチ方向のやり取りは瞬時も停止することのないめまぐるしい環境の変化を招来し、未来は予測できるものではなくなりました。環境を一定の与件と考えるといった前提自体意味を成さなくなっているのです。このようなネットワーク社会の出現が複雑系社会と呼ばれる社会の様相を招いたと言っても過言ではないと考えます。

それでは、このようなネットワーク社会においては、どのような現象が見られるのでしょうか。近年の企業社会を見るに、他に一歩先んじた企業がデファクト・スタンダードを獲得し「一人勝ち」をするというケースがまま見られます。前述のマイクロソフト社Windowsの例然り、ビデオ戦争でのVHSの勝利の例また然りです。これは何を意味するのでしょうか。ここで改めて確認しておくことにします。

複雑系の経済学の説明するところによると、これは収穫逓増の法則（ポジティブ・フィードバック）が働いているからということです。従来の均衡理論で説明されてきた収穫逓減の法則（ネガティブ・フィードバック）は、産業革命以来の大量生産時代の生産に関しての法則でした。伝統的な経済学では、追加1単位を生産するための費用は逓増する傾向にあるため生産量を増加さ

せるにつれて収穫は逓減すると説明されており、この結果、市場は安定的均衡に達すると言われてきました。ところが近年の「一人勝ち」企業の現象はこの収穫逓減の法則では説明できません。と言って、これは収穫逓減の法則を否定するものではありません。新しく収穫逓増の法則が際だって働く分野が出現してきており、それも含めて現実をあるがままに見直してみる必要があるということなのです。そうなので、この収穫逓増の法則について考察するのは、現代企業のマネジメントを考える上で重要なのです。

　収穫逓増の法則とは、労働時間のようなある一つの生産要素を一単位追加した時に、それによってもたらされる追加一単位当たりの収穫は逓増するという法則のことです。産業革命以後の大量生産の時代は収穫逓減の法則が働く世界でありましたので、ある市場で成功した製品や企業は、最終的には均衡へとたどりつき、その結果、予測可能な価格およびマーケット・シェアの域に落ち着くとされていたのです。この法則は素材の加工の分野でその特徴が特に顕著に表れ、そこでは、計画による管理や統制は可能であり、組織としてはヒエラルキー的階層構造が適していました。しかしながら、昨今の経済社会は、大量生産の経済からテクノロジーの設計および利用へ、資源の加工から情報の加工へ、自然エネルギーの応用からアイデアの応用へとシフトして来ています。その結果が収穫逓増の法則の働く世界の出現なのです。ではなぜ収穫逓増の法則が働くのでしょうか。そのメカニズムはどのようになっているのでしょうか。このハイテク産業で特に顕著に見られる、市場において成功を勝ち取ったものをさらに強化し、ダメージを受けたものをさらに弱めるポジティブ・フィードバックのメカニズムが働くのは主として次の要因によります[27]。

　その一つの要因は製品創出コスト（up-front cost）です。これは、昨今の経済をリードしているITやバイオといった産業の製品をイメージすると理解しやすいのですが、このような製品は設計し市場に出されるまでに長い時間や多額の投資を必要とし、一般的に単位当たりのR&Dコストも非常に高い

ものです。その反面一度製品化してしまうと、それ以降の生産コストは初期費用に比較して非常に小さいという特徴を持っています。したがって、競争相手と比べていち早く開発に成功し、その製品を市場に投入することができたならば、後続企業は開発し製品化するまでの高額のコストを負担してまで競争する力を持てないので、その製品については独占的な立場に立てます。これが、「製品創出コストによる」と言われる要因です。次に考えられる要因はネットワーク効果（network effects）と言われるものです。ユーザー達とネットワークで結びついている産業や商品は、ネットワークにつながっていること自体に価値が認められ、それ自体が機能し始めるので、一度優位性を獲得すると、ますます優位性をもち、デファクト・スタンダードになっていきます。三番目の要因は、顧客適合性（customer groove-in）と言われるものです。最初の使用に対してトレーニングを必要とする商品については、ユーザーはひとたびそのトレーニングのために投資をすると、その後に取得する別の商品について、すでに体得した技能と異なった技能を再取得する努力をしようとはなかなかしません。例えばパソコンなどのキーボードの配列です。これは、当初はコンピュータの容量などの関係であまり速いキーボード操作がなされると、そのスピードに反応しきれないことへの対策として、現在のような配列になったなどと言われているように、最初に慣れるまでは多少時間がかかりますが、しかし一度操作に慣れてしまうと、他の配列のキーボードが操作できるよう改めて訓練をすることは嫌われるので、その配列が支配的になります。このようないくつかの要因により収穫逓増の法則が働き、市場の優位性を獲得した製品はさらに優位性を獲得し続け、市場を支配することになるのです。

　とは言うものの、現在の経済社会において、すべての市場において収穫逓増の法則が支配的になったのではありません。依然、収穫逓減の法則が働く市場も存在しています。それはあまり知識に重要な必要性がない物質的な素材の加工であるところの大量生産の分野で見られます。現在、企業を取り巻

く経済社会においては、この収穫逓減の法則が働く世界と前述の収穫逓増の法則が働く世界が並存しています。この二つの世界は必ずしも明確に区分されていません。むしろ一つの企業においてその両面を持っている場合のほうが多いであろうと考えられます。ここで重要なのは、直面している課題はどちらの市場に属する問題であるかという見極めと、その結果どちらの市場に対してどのような戦略をとるかという決断です。大量生産を目的とする収穫逓減の働く市場に対する戦略は効率化の追求となり、コストダウンや高品質化を目指すことになります。しかし、知識を製品に埋め込む収穫逓増の法則が働く世界のもとでの戦略は、まったく違ったものにならざるを得ません。

　この収穫逓増の法則が働く知識主導型の産業や市場では、次の「カネのなる木」をいち早く育て上げることがマネジメントにとっての最重要課題となります。ポジティブ・フィードバックのサイクルが始まるのは、成長期の市場にあっては、何らかの目的を実現するためのある手段が、競争相手と比べてわずかなアドバンテージを持っている場合であるからです。そこでのマネジメントには、将来についての方向性のセンスが要求され、わずかな市場の変化にも敏感に反応し行動につなげることが望まれるので、フラットな組織、ミッション志向などがそこでのキーワードになります。「専門的な意味で適応とは、次にやってくる波を待ち、それがどんな姿かを描き出し、優位性を築くために企業を適切にポジショニングしていくことを意味する。最適化ではなく適応こそが収穫逓増のビジネスを動かしているのである」[28] と言われる所以です。

　また、さまざまな要素が絡まって一つの形を形成する場合、あるいは革新 (innovation) や進化 (evolution) が起こった場合、まったく新しい性質や現象が生まれる事があります。これを創発といいます[29]。これは「『個』が一定の規則に基づいて『自発的』に活動するだけで、『全体』が自然に秩序や構造を形成する特性のこと」[30] とも定義されています。また、「『個』の挙動が『全体』の性質を『ボトムアップ』的に生み出していくプロセスであるとと

もに、ひとたび生まれた『全体』の性質が『個』の挙動に影響を与えるトップダウン的なプロセス」[31]とも説明されています。現実の社会において、企業の行動や企業相互間の動向が、社会全体に予想外の現象を出現させ、それがまた企業にフィードバックされるという現象が出現することは我々が経験するところにもなってきています。

　企業内における従業員と企業との関係においてもまた然りです。従業員やそのグループが相互に競争したり影響し合ったりした結果、マネジメントに進化をもたらし、それがトップダウンでボトムにフィードバックされ創発的進化をもたらすのです。たとえば、個人で完結していた業務プロセスが、集団となることで「分業」が生まれましたが、これも「創発」といえます。この分業を、情報技術などを駆使することによってより効率的かつ効果的に革新しようとしたのがリエンジニアリングですが、これも一つの「創発」なのでしょう。ソニーの出井伸之元社長によると、これは「個々の構成要素が、カオス（混沌）状態から突然、規則的な安定状態に進化すること」であるということです。「この概念をソニーの経営に当てはめてみると、グループの構成要素である各事業ユニットが、お互いに競争したり、影響し合うことで、トップマネジメントに『創発的進化』をもたらし、今後はそれがトップダウンで各事業ユニットにフィードバックされ、創発的進化を促すという感じで〈Jスカイ B〉の事業はこれの典型といえます……」[32]ということになります。

　近年、従業員と企業、企業と社会、あるいは従業員同士、企業同士はネットワークでつながっていますから、この動きはより顕著に見られるようになってきています。その意味ではマネジメントとは、変化を創出することに他なりません[33]。ネットワーク社会の特質を理解し、そのような面からも、従来になかったマネジメントが検討されなければなりません。

　私は、ネットワーク化のもっとも重要なポイントは、個々の多様性がそのまま生かされ流通することであると考えています。その結果、あらゆる個人やグループの間に多様な組合せが生み出され、そのやりとりが同時進行的に

無数に存在し得るので、その相互の影響は複雑に入り組むものです。そうであるから、「情報共有」が進み「情報共鳴」が生じやすくなり「複雑系」と言われる社会が出現するのです。そこでは組織はミッション志向となり、共創や創発が活発に起こる仕組みが必要とされます。ネットワーク社会への移行は新しいマネジメントの出現を求め、ネットワーク技術がその新しいマネジメントを可能にするのです。

　よくネットワークについて「世界中の情報が瞬時に集められる」と言われますが、他方、ネットワークは情報を「集めておく理由」を失わせます。それは、オープンであり、無限に拡張でき、双方向のコミュニケーションを可能にしますから、場所や距離、国や企業といった壁が無意味になります。欲しい情報を欲しい時に欲しいだけ即座に取れるので、情報を集めておく必要がなくなります。情報化社会における差別化は、どれだけあるいはどんな情報を持っているのかではなく、どのように情報を使うのか、あるいはいかに情報の流れに乗るのかにかかってくるのです。すなわち、ネットワーク社会の意味を考えるにあたっては、これを単なる発達した情報技術の存在する社会とか、情報技術に裏付けられた「便利な社会」と単純に考えるのではなく、ネットワークでつながれた社会の構成員たる個人や企業の行動と、その波及効果にその本質を見出さなければならないと考えます。そのような意味で、高度な情報技術に支えられた社会を俯瞰的にネットワーク社会と捕らえ、情報技術を差別化や差異化のツールとして位置付ける考え方ではなく、情報ネットワークのなかでの構成員同士の関係性に着目していく必要があるのです。

　ネットワーク社会は不安定な環境を創出しましたが、他方バウンダリーレス化やエンパワーメント化も創出しました。従来の社会では男性と女性、黒人と白人、ブルジョアとプロレタリアートといったバウンダリーに隔てられ、対立と競争がありました。そして、各々のバウンダリーの中では、リーダーとフォロアー、支配者と非支配者などの関係があるのが一般的でした。しか

し、ネットワーク化の進化に伴って広がるコミュニケーションでは、それらバウンダリーは緩み、人々は既存の対立的・画一的関係に拘束されることが少なくなってきています。また、情報遊牧民が出現し、バウンダリーを超えた横断的関係が形成されつつあります。企業においても、情報技術は仕事を効率的に成し遂げるためのツールであると同時に、コミュニケーション様式や関係パターンなどにも影響を与えるようになっています。新しい情報技術を用いることは、従来の関係性や属性などに拘束されず、自分と共通の関心や興味、目的によってグループが形成され、対話と促進し、情報を交換し合い、価値を共有していくことを促進します。各ネットワークが他のネットワークとつながり、コミュニティを形成してもいきます。

　ネットワーク化のもう一つの大きな特徴にエンパワーメント化があります。情報技術を用いると、これまで社会的弱者であった人、階層、組織に力が付与されることがあります。近年コンピュータの性能はますます高くなり、その割に価格は安くなっています。それによって、インターネットをはじめとするネットワーク社会への参加の障壁は格段に低くなったので、誰でもが情報を取得し、自分の意見を社会に向けて主張し、議論し合うことができるようになりました。これは、企業内部においても、従業員の誰でもが、自分のいる地域や所属する部署に関係なく、また部門長を介さず、自由に自分の意見を出したり、コメントを付けたり、共感を求めたり、情報を求めることができることにつながります。社内に設けられた「掲示板」に社員は自由に投稿でき、気兼ねなくコメントを発表し、窮状を訴えたりすることもできるようになっています。このようなシステムを利用して、我々は様々な提案をしたり、一定の問題について議論したり、自分のアイデアを発表し協力者を募集したりすることができるようになりました。その上、このようなシステムを利用することによって、プロジェクトを遂行するメンバー同士の情報共有ツールとして活用したり、他部署や関連する分野の専門家とのコラボレーションなどにも活用することが可能になっています。これらは時には中傷や

噂の温床になるといった問題もはらんでいますが、従来なら階層組織に埋没していた能力や資質に力を与えることにもなりました。ネットワークに参入した人々はこの情報技術を用いることを通じて、より自律的、自省的な存在となります。全ての人々の能力に目が当てられ、力を発揮できる資格が与えられるのです。

第2節　社会・企業・従業員の関係

　ネットワーク社会においては、構成員たる個人や企業が社会に働きかけ、社会が変化し、その変化を受けて個人や企業がそれに対応して変化し、その変化がまた社会や他の個人や企業に影響を及ぼすといった動きが、ハイスピードで間断なく起こります。それゆえ、経済社会における従業員と企業と社会の関係も、段階的につながる階層構造ではなく、多次元的・再帰的な位相構造をとることになります。すなわち、企業はそれ自体が完結し、独自の意思決定で自律的に活動する「個」であると同時に、社会（「全体」）における一個の構成要素として存在することになります。企業は、エージェント[34]たる従業員にとっての「全体」であるとともに、社会における一個のエージェントとして活動するのです。そこでは、社会と企業は再帰的な相互規定関係を持ち、企業は社会の一エージェントとして活動し、各企業は他の企業と絶えず相互作用を及ぼし合い、社会に働きかけ、同時にその結果としての社会の変化に即応し続けるという「あわせ鏡」を見るような関係性を持つのです（図5）。

　したがって、企業組織を見るにあたっても、従業員や経営者に焦点を当ててそれのみを対象として見るのではなく、社会、従業員と包括した関係の中で見なければ見えてこない何かがあると考えます。そこでは、全体の変革は各従業員やそのグループのせめぎあいの中から創発的に実現していくことになるからです。「個人が変われば企業が変わる」という視点は単なるアナロ

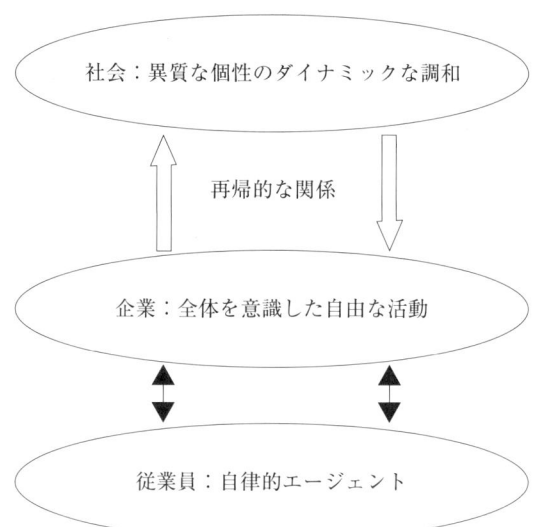

図5　企業のホロニックモデル

```
      ┌─────────────────────────────────┐
      │  社会：異質な個性のダイナミックな調和  │
      └─────────────────────────────────┘
                 ⇑   再帰的な関係   ⇓
      ┌─────────────────────────────────┐
      │   企業：全体を意識した自由な活動    │
      └─────────────────────────────────┘
                 ↕              ↕
      ┌─────────────────────────────────┐
      │      従業員：自律的エージェント      │
      └─────────────────────────────────┘
```

出所　『複雑系の経済学』ダイヤモンド社 1997年（第6章 佐藤修「複雑系の企業論」P193）をもとに前野が加筆

ジーでないのです。このような、観察と主張はアーサー・ケストラー（Arthur Koestler)[35] に見られるような、近代科学における要素還元主義の限界を打開しようというパラダイム転換の中で論議されているところと通じるものです。

　ところで、組織理論にエージェントベースアプローチ（Agent Based Approach）という名称で呼ばれる比較的新しい研究プログラムがあります。90年代に複雑適応系（Complex Adaptive System）などと呼ばれる新しい研究分野が出現しました。サンタフェ研究所[36] などが中心的役割を担い、工学から社会科学領域まで同時並行的に出現してきた新しいアプローチです。そこでは、学習し進化する自律的エージェント集団に対する新しいシステム観が見られます。ここにも学際的、領域横断的な科学革命の痕跡が見られるのですが、これらの研究分野では、日本でも1993年頃からポリエージェントシステム[37] という名称で、エージェント指向の経営、経済の複雑系研究が行わ

れてきています。組織論におけるそのような流れには、ミシガン大学 Axelrod らのグループやカーネギーメロン大学 Carley らのグループのような社会科学からのグループや、スタンフォード大学 Levit などのどちらかと言えば工学的な研究、その他計算組織論的な立場からの研究、進化経済学の立場からのアプローチなど様々な流れがありますが、いずれにせよ、代表的なエージェントからなる均一なエージェント集団に対する合理的意思決定のパラダイムの枠に縛られていたそれまでの研究から脱出するための新しい方向性を探求するものと評価されています。これは、単純化したモデルを設定して、従業員なり管理者なりそのモデルのグループが筋道の通った整然とした意思決定と行動をするといった考え方をベースにしてなされてきた過去の研究から踏み出したものとして注目されてきている流れであります。その中でも出口[38]らの研究は、合理的で無限の計算能力と完全な情報をもった均一なエージェントによる最適意思決定を仮定せず、学習し、進化し、多様性を持つ自律的エージェントを扱うアプローチとして興味深いものがあります。出口によると、ここでの自律性とは「エージェントが個別の意思決定のためのルールを持ち、それを学習などによって変化させる能力を想定している」と説明されます[39]。合理的で一様な代表的エージェントによるモデル化の限界が明らかになり、理論と現実の乖離が続いている状況からの脱出に結びつくアプローチとして関心を呼んでいるのです。このような合理的意思決定のパラダイムからの脱却は、従来の合理的エージェントのシステム認識とモデル枠組みを広げて、それまで代表的なエージェントという形で個性のない均一のエージェントとして取り扱って来たものを、個性を持ち行為のルールによって規定され、そのルールを学習するエージェントとして取り扱う形に変更することによって行われます。これらはいわゆる複雑系(complexity)というキーワードでくくられる新しいパラドックスの出現の組織論における流れであるとも言えるでしょう。

　このエージェントの考え方をわかりやすくイメージするための例として、

グレイグ・レイノルズのボイド（boid）をあげてみたいと思います。これは、大学卒業後コンピュータ会社のアニメーション部門で働いていたレイノルズが、鳥の群れの自然な動きをアニメーションで表現するためのプログラム作りに取り組んでいた時、この難問を解決するために、鳥の群れを観察していて気付いたことです。彼の目の前で鳥たちは群れをなして飛び立ったり、いっせいに急旋回したり、分かれたり、また一群にまとまったりして、まるで群れ全体が一つの命令に従っているような動きをしていましたが、観察しているうちに、実際にはそんな命令を出している鳥などはいないことに、彼は気付きました。リーダーがいないのに、鳥の群れは驚くほど統制の取れた振る舞いをしていました。そこには非常に強い意図的な中央制御が働いているような印象を受けるのですが、しかし、一羽一羽の鳥たちをよく観察してみると、彼らの行動はあくまで分散的で、近くの鳥の行動にしか反応していないことが見て取れました。

　この鳥の群れの観察の結果、得られた規則は三つでした。一つは近くの鳥たちが数多くいる方へ向かって飛ぼうとすること。二つ目は近くにいる鳥たちと、飛ぶ方向を合わせようとすること。三つ目は近くの鳥や物体に近づきすぎたら、ぶつからないように離れようとすることです。これら三つの規則は、群れ全体の振る舞いに関しては何も言及していないし、「群れをつくれ」と命じてもいません。ただ、近くの鳥たちとの相互関係を規定しているだけでなのですが、そのルールに規定されて、鳥の群れは、あたかも集団で統制の取れた振る舞いをさせるような、指示や命令に従っているように見える動きをしたのです。レイノルズはこの三つの規則をプログラム言語に書き換え、コンピュータの中のエージェントに適用したシュミレーション・モデルを作ったところ、驚くほど自然な動きが表現できたのです。ボイド（boid）とはこのモデルの「鳥もどき」の意味の「バードイド（birdoid）」を略した命名であります[40]。

　この例は、現在の複雑系の研究からみれば幼稚な例であり、どちらかと言

えば人口知能の研究の方に発展していくものでしたが、しかし単純な分だけエージェントベースアプローチの考え方をわかりやすく示していると言えます。すなわち、エージェントベースアプローチでは、エージェントそのものが限定された合理性の範囲で、規定されたルールに従って行動し、学習し、進化するという側面が重視されており、そのようなエージェントの個別の活動が全体の活動やシステムに統合されていく様を研究しようとしているのです。

そのような意味で、本書で取り上げる従業員や企業は、まさにこのエージェントそのものです。したがって、このアプローチによると組織に対しては二つの側面から論じられ、そしてそれらは融合される必要があると言うことになります。そのひとつの側面は、目標達成のための行為の連鎖を解析することであり、もう一つはそれらの機能を充足するためにはどのような構造やシステム、組織が必要とされるかについての分析であります。「組織というシステムをデザインするためには、組織目標を達成することのできる活動ルールの集まりとしての役割セットと、その役割セットが機能するための組織構造を与えるためのタスク分割とタスクの適切な連結、エージェントが参照したり共有する情報システムの形成など、エージェントの活動のさまざまな境界条件をデザインすることが必要とされる」[41]のです。その中で活動する自律的エージェントにとっての環境は、その活動する物理的世界と、他のエージェントからなります。単にその存在する物理的環境だけに活動が影響されるのではなく、他のエージェントの活動との関係もまたその活動に大きな影響を与えるということであり、この点で、従来のオープンシステムや環境不確実性に関する議論とは異なった枠組みを必要とするものです。

本書では従業員や企業をこのような自律的エージェントとして捉え、それぞれの存在する物理的、あるいは社会的環境のみならず、エージェント間の関係性も含めたところで、エージェントの行動を方向付けるルールや仕組みを考え、それらエージェントの行為と行為の連鎖、学習のシステムについて

探求することになります。その結果、導き出されるのが組織構造やコミュニケーションの取り方といった、企業組織の姿です。このようなエージェントベースのアプローチを採るので、企業組織についても、組織や制度のデザインという視点から見ることになります。

第3節　企業の現状

　成長発展を遂げている企業を観察することにより、見えてくるものがあります。一言でいうと、なぜヒエラルキー組織では対応できなくなってきているのか、ということです。
　大量生産の世界の企業戦略は　①コア・コンピタンスに投資する　②競争優位の価格付けをする　③コストを削減する　④品質を向上させる等でありましたが、複雑系の働くネットワーク社会での企業戦略は、ポジティブ・フィードバックに基づく特殊な経済原理を利用した戦略となるので、収穫逓増を能動的に働かせるマネジメントが必要となります。知識主導型の市場のような複雑系の働く世界で「勝ち組」となるには、市場をつかむ事とずば抜けたテクノロジーを手にする事が必要なので、その戦略は基本技術に対するポジティブ・フィードバックを拡充する「ウェブ」[42]を形成する事によって競争力をつけるという方法になります。そのためには、経営者は　①自分の市場に働いているフィードバック・メカニズムを理解しているか　②今、どの生態系にいるのか　③プレーするための資源はあるか　④次にどんなゲームがやってくるのかなどを十分に認識している必要があります[43]。収穫逓増の働く世界では、市場は不安定でかつ変化は激しいものです。また、結果は予測不可能となりますので、計画による管理はできません。市場を観察することにより、未来を洞察し意思決定をしなければならないのです。だから、そこでは従来型の経営管理手法は通用しません。それだからこそ、新しい管理手法に適合した企業組織が出現せざるを得ないのです。

また、企業という「生きたシステム」の持つ創発性や自己組織性を生かした新しいマネジメントのスタイルは、「個の自発性が全体の秩序を生み出す」[44]ということを重視したマネジメントになります。これは、メンバー一人一人が自由に自発的に活動していくことによって、自然に自律的に組織としての調和や秩序が生まれてくるようにする高度なマネジメントです。そこでは、規則やマニュアルを極力少なくし、従業員一人一人の自律が保証されていなければならないことは当然として、その上で、「成功した方法をなぜ崩さなければならないのか」といった、人間の持つコンサーバティブな気持ちを打ち崩す企業文化を根付かせることがマネジメントの重要な課題となります。トップが「環境はこんな風に変わった」というのではなく従業員一人一人が変化を感じ、自らを変えていくようでなければならないのです[45]。

しかしながら、個々人がまったく自由気ままに動き回っているのでは、組織としての力にはなりません。個々人の動きを、組織の動きとして一定の方向性を持たせ、個の力をその総和以上に発揮させるように収れんさせるには、明確なビジョンとドメインが示されていなければなりません。そして、そのビジョンやドメインは単なる精神論や抽象論として示されるのではなく、トップ自らが参加しコミュニケートすることで、目的や方法をより改善していこうとする動きにつながるように示されることが必要なのです。これからの企業においては、人々の必要とするコミュニケーションの場が、リアル組織だけでなく、電子空間であるバーチャル組織としても提供されることになると予測されますが、このようなマネジメントはリアル組織であるかバーチャルな空間における組織であるかに関わらず必要であると考えます。

ところで、近代の「知」が要素を限定しモデルを観察することから得られた「知」だったのに対して、新しい「知」は現実そのものとのリアルタイムな関わりの中から得られる「知」であります。このような「知」を獲得し、自らを変化させ続けるためには、従業員一人一人に自律的に問題解決や事業構造の改革に取り組む存在となるための主体性が要求され、その個々の行動

を望ましい方向に調和させ、相乗効果を発揮させるための、ビジョンや理念も含めた情報の共有が不可欠な条件となります。そこでは、社会における企業の位置付けと同じように、従業員一人一人は独自の意図と機能を持って自主的に活動しながら、企業を構成する他のさまざまなグループや個人と情報交換し、企業全体との調和を視野に入れて活動し、結果として企業全体の秩序を創出していく、といったような関係が見られなければなりません。そして、その再帰的な関係の蓄積が個人とグループ、企業全体を同調させるといった構造が必要となるのです[46]。「個の自発性」による行動が、結果として「全体の秩序」を形成するという現象を引き起こす[47]という「自己組織化」を促すような組織が構築されなければならないのです。

　このようなイノベーションを促進するための組織的な要件は、①ナレッジ・ビジョンがある。②ナレッジ戦略がある、③組織のゆらぎがある、④非階層型組織と階層型組織の組み合わされた多元組織である、などとしてあげられます[48]。ということは、単に形としての組織を作るのではなく、個人レベルでの自律性から育み、それら自律した従業員に組織としての方向性や組織目的を共有させるところから構築される組織でなければならないということを意味します。情報共有の業務プロセスと企業文化が健全に育まれていない企業において、旧来の「組織設計」の発想で、トップダウン的に形だけのフラット組織を導入することは、ただ混乱を生み出すだけであるということは、現実の問題としてよく認識しておくべきポイントでしょう。

　ところで、情報革命と呼ばれるような大きな変革を迎えた今日、ネットワーク社会となったがゆえに、日常生活から個人の考え方にまで変化の波は押し寄せています。このような今日、ネットワーク社会の到来とともに起こってきたパラダイムシフトが「近代科学的要素還元主義」から「複雑系」へのシフトであると読み取れますが、これもよく認識しておかねばならないポイントです。

　複雑系とは、「無数の要素があり、各要素がお互いに干渉し、何らかのパ

ターンを形成したり、予想外の性質を示したり、そして、そのパターンが各要素そのものにフィードバックする」[49]システムであると定義されています。そうであるならば、経済社会は相互に干渉する要素（エージェント）からなり、それらのエージェントが互いに反応し合うようなパターンを形成するという意味で「複雑系」であると言うことができるでしょう[50]。また、開放系とは「外界とエネルギーや物質の授受が可能な"系"のこと」であって「このように絶えず外界と接触し、それを別のかたちで放出することによってダイナミックに安定性を保っている系を"非平衡開放系"という」と定義されています[51]。そうすると、超情報化社会である現在の企業を取り巻く社会環境は"非平衡開放系"の複雑系社会と言ってもよいのではないかと考えられます。なぜならば、ネットワーク社会と言われる今日の社会では、たとえ内容的には従来と同じであったとしても、双方向の情報のやり取りが、「時間と空間の壁を取り払った」と言われるように、従来とは比較にならないほど速く広範囲になったので、経済は非線形現象となり、非線形のシステムとして動くので、ある対象から見た動きは直線的な因果関係としては認識できなくなっているからです。

　また、従来の考え方では、人間は完全な合理性のもとで意思決定をし、行動するという前提で理論が構築されてきました。しかしながら、高度情報化社会と言われている今日でさえ人間は必要とする全ての情報を入手できない事は知られており、入手した情報と言えどもバイアスがかかっていないという保証はないのです。その上、その情報を受けて意思決定し行動する人間には、人間としての特性ゆえに完全に合理的な判断は不可能であるということが明らかです[52]。このように企業や人間の現実を認識した時、企業に対する有用な理論を構築するためには、従来の完全合理性を前提とした理論とは別の考え方があってもよいのではないかと考えます。それが複雑系の考え方をベースとした理論なのです。

　従来の大量生産がメインであった経済社会においては、物事の繰り返しが

可能で、方程式が成立するので、最適化に向かって、製品を作り続け、出荷を続け、品質を向上させコストを抑えるべく改善を重ねることが要求されていました。そして、それを確実に進めるために、物事を計画・管理し、効率的に伝達し、ヒト・モノ・カネを上手に回せば良かったので、日本の製造業に見られる高品質、低コスト、短納期の生産管理システムはこのような世界で有効に機能しました。当然の事ながら効率性を求めて、そこには階層構造も生まれました。ここでは計画による管理や制御が可能であり、そのためにはヒエラルキー構造が適しており、素材の加工にその特徴が発揮されたのです。

　しかしながら、21世紀に入って経済社会は、大量生産の経済からテクノロジーの設計および利用へ、資源の加工から情報の加工へ、自然エネルギーの応用からアイデアの応用へとシフトを経験してきました。その結果、成功しているものは一層の隆盛をきわめ、優位性を失ったものはますます凋落し、「一人勝ち」が出現するといった、収穫逓増の法則が働く世界の出現が見られるようになっていることはすでに述べたところです。すなわち、市場において成功を勝ち取った者を更に強化し、ダメージを受けたものをさらに弱めるポジティブ・フィードバックのメカニズムが働く世界がすでに出現しているのです。昨今のIT関係のような高付加価値製品の開発で代表的に見られるように、研究開発や製造販売のためのインフラ整備や新製品開発のための初期費用（up-front cost）の莫大さ、その初期費用に比べて完成品を市場に投入する限界コストの極端な少額さ、利用者が特定のシステムを利用すればするほど、そのシステムの利用者が増えるというネットワーク効果（network effects）、そして顧客の親しみやすさ（customer groove-in）とでも言える一度特定のシステムを学んだ人は、なかなか他のシステムに親しみを持ちにくいという顧客適合性などが、その原因として考えられていることもすでに述べたところであります[53]。このような原理が働く世界では、計画ではなく観察により優位なポジショニングをとることが戦略的に必要となりますので、その

ためにはフラットな組織構造の方が適していると言われ、心理学や認知、適応といった考え方まで取り入れた経営が要求されるようになってきているのです。

　また、21世紀になって、日本だけでなく世界中の国々で我々は絶え間なく変化する世界に突入しつつあります。自社の製品を、収穫逓増の法則が働く世界、すなわち勝者がすべてをさらう不安定な性質を持った市場に投入しなければならないのは事実となってきています[54]。このような世界は知識を製品に埋め込む世界ですから、大量の財を生産すればよい世界とは根底にある経済原理が異なり、したがって競争の性質やマネジメントの文化も異なることは明白であります。収穫逓増の法則が働く世界では、経営者はミッション[55]志向となり、その結果、長大な組織の階層構造はむしろ弱点となり、消え去る運命におかれます。経営者に一番必要なのは「そのゲームがどんなゲームになるのかを、他の者よりも鋭く見抜く能力」[56]となるからです。ここにも、従来のやり方では対応できない事態が見て取れるのです。

　さまざまな要素が絡まって一つの形を形成する場合、あるいは革新（innovation）や進化（evolution）が起こった場合、まったく新しい性質や現象が生まれる事があり、これを創発という[57]こともすでに述べました。現実の社会において、企業と社会の変化は再帰的な相互規定関係をもっていますから、社会の構成要素たる個々の企業相互間の局所的な相互作用が、社会全体に予期しない現象を出現させ、それがまた個々の要素たる企業の行動に影響を及ぼすという現象が出現することが実際にあります。企業内にあっては、企業の構成要素である従業員やそのグループがそれぞれ競争し影響し合うことで、トップマネジメントに創発的進化をもたらし、今度はそれがトップダウンで各現場にフィードバックされ、創発的進化をもたらすというような現象として見られます[58]。この意味で変化を創出することである経営においてこの創発的進化を起こすためには、従業員、あるいはそのグループが自律的に行動し、そしてその行動が影響し合うような情報の共有化が整っていなければ

なりません。それには規制緩和や、過去の成功体験の否定が必要になります。しかしそのようにすると、一方で、各個人やグループに大幅に権限を委譲し、自由を与えることになりますから、知的財産を含めた法務機能、財務機能、情報システム、コーポレート・コミュニケーション等の本社機能はその活動を保証するためにも、より一層強化されなければならないことが、明確に意識されなければならなくなります。

　また、収穫逓増の働く市場では、市場は安定的均衡に収束せず、不安定性を示します。つまり、ある時点では一つの形を現わしはしますが、またすぐに変化していくといった動的均衡を示すのです。そして、成功した製品が一定の価格やシェアを獲得するのではなく、成功した製品を市場が好むといった傾向が見られます。そのため成功しているものは一層隆盛し、先行できず優位性を失ったものはとことん落ちていくことになるというポジティブ・フィードバックのメカニズムが働くことになるのです。ここでは必ずしも一人勝ちする製品はベストのものとは限らず、劣った製品が市場を支配する可能性もあり、ひとたびポジティブ・フィードバックのメカニズムが働きはじめると、それがある市場でロックインする能力を持ち、その結果、勝者には厚い利得が与えられることになるのです。このことを強く認識した戦略も日常的に多く見られるようになってきています。

　このような世界における企業の行動の先駆け的であり代表的な事例として、マイクロソフト社のWindowsがOS市場を支配するに至った経過とそこにおける戦略を追って見たいと思います。

　ソフトは、基本的な操作環境を提供するオペレーティングシステム（OS）とOS環境の上で動く文書作成や表計算などのアプリケーションソフトに分けられます。それらソフトのなかでもOSは、いわばコンピュータの主要な神経システムであり、コンピュータとキーボードやプリンターのような周辺装置との相互作用を制御するものであります。またOSとは、ワードプロセッサのようなアプリケーション・ソフトウエアのためのプラットフォーム

としての役割も持ちます。したがって OS はアプリケーション・プログラミング・インターフェース（API）を経由してアプリケーションのための基本的なサポート機構を供給し、アプリケーションが頼ることができる一般的な機能を供給するものでもあります。OS それぞれの API は特有のものであり、ゆえにアプリケーションは特定の OS のために書かれる傾向になります[59]。

　DOS（Windows の原型）は 80 年にマイクロソフト社が IBM のパソコンのために OS を提供するという合意がなされたときに誕生しました。最初の OS としての評判は必ずしも良くはなかったと言われていますが、ユーザーからの支持が増えるに従って、ソフト・メーカーが DOS 向けのソフトウエアの開発をするようになり、その相乗効果で DOS と IBM のコンビは市場のかなりの部分を支配するように動きはじめたのです。そして 90 年には特定のアイコンをマウスでクリックするだけで使いたいソフトが立ち上がり、対応ソフトであればパソコンメーカーの規格を問わずにソフトを共有できる「Windows」が発表されました。

　ソフトウエアは特定の OS（またはプラットフォーム）上で走るように作られ、一般に異なったプラットフォーム上では機能しないので、独立系のソフトウエアベンダーは、それゆえ彼らが開発するソフトウエアのために複数のプラットフォームを選択し、彼らのソフトウエアの異なったバージョンをサポートしなければなりませんでした。しかし、Windows のマーケット・シェアが高まる[60]につれ、彼らはその手間や労力を極力排除しようと行動し始め、自然と Windows 上で走るアプリケーションを書くようになっていきます。他方、ユーザーにしてみれば他の OS に切り替えることはコスト的に合理的でなく、慣れ親しんだ操作を変えることに対する抵抗もあるので、引き続きウインドウズを利用しようとします。またパソコンにソフトをインストールすることはユーザーにとっては煩わしい作業が多く面倒なので、スイッチを入れればすぐに使用できるパソコンなら買おうというユーザーの要求となり、その結果、パソコンの小売店でのほとんどの購入者は、購入する

パソコンにOSがプレインストールされていることを期待するようにもなります。パソコンメーカーにとっても自社でOSを開発するより購入したOSを搭載するほうが簡単でコストもかからないので、製造するほとんどすべてのパソコンのハードディスクドライブ・メモリに購入してきたOS・ソフトウエアを日常的にプレインストールしようとします。

　エンドユーザーに認知され、そこに市場としての成長が重なると、このユーザーの要求が、より具体的にウインドウズの搭載要望として圧倒的なパワーをメーカーに与えることになるので、メーカーはWindowsを搭載しないことにはユーザーを失うことになります。すなわち、Windowsが成功して、多くのユーザーがWindowsを好むと、製造業者はその出荷するパソコンにWindowsをプレインストールすることが商売上も必要になるのです。大量生産の工業化社会ではコストや価格を低減することによって市場での優位性を獲得したのですが、情報化社会のソフトの世界では需要サイドの動きにそのポイントがシフトすることになります。すなわち、パソコンを購入した際にソフトをインストールする煩わしさや難しさをユーザーが嫌うので、これがプレインストール版のマーケットが拡充する原因となり、それが、マイクロソフト社の高いマーケット・シェアを維持するネットワーク効果を導くことになったのです[61]。

　マイクロソフト社がIBMと合意した時点では、どのOSが支配的になるかは、予測不可能でありました。しかし一度IBMとWindowsが成功すると、ソフトベンダーやユーザーなどの動きが相乗的に拡大し、ポジティブ・フィードバックのシステムが働きだし、その結果Windowsは市場にロックインされ、WindowsはOS市場でのデファクト・スタンダードの地位を獲得し、マイクロソフト社ならびにビルゲイツ氏は巨額の利得を得ることになったのです。スタートにおいて一歩先んじた企業が最終的に一人勝ちする、新しい競争原理が見られるようになったのです[62]。

　この一連の流れに続くマイクロソフト社の戦略について、1996年2月3

月号（隔月刊）のダイヤモンド・ハーバード・ビジネス誌上で、当時のマイクロソフト日本法人代表取締役社長成毛眞による「連載　マイクロソフト経営トップが語る　Windows95を支えるデファクト・スタンダード戦略」なる記事から検証してみましょう。

　1996年当時、日本においてもパソコンの世帯普及率は10％を超えてきていました。一般に耐久消費財は世帯普及率が10％を超えると爆発的な普及期に入り、日常生活に大きな変化をもたらすと言われているそうですが、そのような観点から見るとマイクロソフト社のOS「Windows95」の発売は、まさにパソコンが爆発的な普及期に入った、この爆発寸前のタイミングで市場投入されたことになります。これらの動きは単なる結果ではなく、ソフトウェアのマーケットを読んだマイクロソフト社のデファクト・スタンダードの戦略であったようです。

　パソコンとソフトの世界にはディジュアスタンダード（公的な標準）は存在していません。これらの業界では技術革新が速く、急速に市場が拡大しているので、業界標準となることはイコール成長を意味し、二番手、三番手になることは最悪の場合その市場からの撤退を意味します。そのことを、それ以前のビデオデッキの規格をめぐるVHSとベータマックスの戦いなどの分析によって、彼らは熟知していました。これらソフトなどのデファクト・スタンダード形成の中で特徴的なのは、それらが本体需要のない商品であるということです。すなわち、商品そのものより、それを使って何をするかという道具であるという点なのです。コンピュータは、どのような高機能な機種であってもOSがなければただの箱であるし、OSもまた、アプリケーションソフトとあいまってはじめて本来の機能を発揮します。つまりOSだけでは本体需要はないのです。したがって、コンピュータではOSやそれにつながるソフトが多いかどうかに関心は集まるし、同じOS上で動くアプリケーションソフトが多いほどユーザーは多くなることになり、ますますコンピュータメーカーはその需要のあるOSとソフトをプレインストールして出

荷しようとします。当然、ソフトウエアハウスも、一番多く使われているOS上を走るソフトを開発しようとします。

　これらの動きは、結果として巻き起こったのではなく、この特徴に注目することによって、マイクロソフト社はOSの規格を公開して互換性を高める戦略をとったのです。それまでは、自社製品の規格や特徴は企業秘密として守られるべきものと考えられていましたし、それが製品の差別化につながるものであったことも事実です。各社はこの差別化した製品の供給のコントロールをすることによって、市場での支配的地位を獲得しようと活動してきたのです。そこではシェア争いとコスト争いがあったのですが、自社製品の内容を公開することは、少なくともコストが戦略上重要な要素になり得ないという新たな局面を切り開きました。

　同時期、マッキントッシュを製造・販売しているアップル社は、独自のOSが走るハードウェアの製作を一切認めない方針をとり、自社製品に固執しました。すなわちアップル社のOSが使いたければアップル社のハードウェアを使いなさいという戦略です。自社ソフトの優れたグラフィカル機能をもって商品の差別化と考え、従来の伝統的な戦略をとったのです。その結果は衆目の知るところです。その少し前まで、全コンピュータ市場でユーザー・インターフェース（GUI）が占める割合は少なかったので、マックOSはその存在を脅かされることはないはずでした。しかしこの時期パソコン市場は本格的な成長期を迎え、多くの人々がパソコンをより身近な道具として様々な要求を実現しようとしたので、GUIの必要性に急激にスポットライトが当てられ、市場全体がGUIに流れ出したのです。その結果、自らマーケットを閉ざし、多くの可能性を受け入れることを拒んだマックOSは、その存在意義を弱めてしまうことになったのです。

　マイクロソフトの当時の社長成毛によると、アップル社はコンピュータソフトには本体需要がないことに気が付かなかったから、ということになります。マイクロソフト社の創業者ビル・ゲイツは、創業当時からコンピュータ

の市場ではソフトウェアこそがビジネスであると気付いていたから、この時点でデファクト・スタンダード戦略がとれたのであろうと思います。当時アップル社は卓越した技術をもち、それに自信を持っていたがゆえに、このようなプロセスに気付くのが遅れ、取り返しのつかない後退を余儀なくされたのです。このようにみてくると、マイクロソフト社の戦略が新しい成長マーケティングをいち早く知ったものがつかみ得る成功であったと分析できます。そのうえ、市場が小さいうちに国際的な規模で市場に参入して、一定以上（成毛によると60％）のシェアを一刻も早く握ることに全力をあげた、スピードの経営の賜物であることがわかります。マイクロソフト社については、主として独占禁止法の観点から裁判が起こされ、マイクロソフト社が敗訴という判例もでてきていますが、はたして本体製品を提供する伝統的な市場の原理でこのような新しい市場メカニズムを統制することができるのでしょうか、疑問のあるところです。販売方法などに問題があったとしても、根本的なところで論点がずれているように思われて仕方ありません。改めて新しい市場原理に立脚した公平性の理論が提出されることが必要ではないのでしょうか。このような戦略はマイクロソフト社に限ったことではなく、この同じプロセスはソニーのプレステーションの戦略にも見られます。ゲームソフトの分野ではプレステーションが独り勝ちしたと評されていますが、これもマイクロソフトと同じような考え方による戦略による勝利であると評価できます。

　このような、いわゆるポジティブ・フィードバックの働く世界が、顕著にしかも地球規模で出現しているのも、近年の高度な情報技術の発展を背景としたネットワーク社会が現実に存在感を増しているという証であると考えます。また、インターネットに代表されるように、ネットワークが地球規模で機能するようになったので、個人も企業も否応なしにネットワークに組み込まれており、またネットワークに参加せざるを得ない状況になって来てもいます。これは世界的な大企業だけでなく、中小企業であっても個人であって

も同じです。だから、ひとつの企業というの枠の中で、環境を一定と仮定して実行される、計画的な管理や経営は不可能となったと言わざるを得ないのです。そこでは、企業(「個」)そのもの以上に企業間の関係が、あるいは企業と社会の関係が重要になってきます。これらは、経済社会や企業活動を解剖学的に静態的に切り刻んで観察するのではなく、生きたものとしてリアルタイムに共創[63]して行こうというマネジメントに対する種々の試みがなされている所以でもあるのです。

　一方、近年のビジネスの現状を見るに、物質的に高品質のものをただひたすら安価に供給すればよかった時代は過ぎ去ったようです。どのような製品であってもサービスであっても、どのような知識がそこに込められているかが差別化につながる、ということが認識されてきています。たとえば、その製品を使用するにあたってのトレーニングやメンテナンスなどの、製品を取り巻く環境に関するサービスの拡充もその一つの例ですし、時には製品を開発する過程で得た知識自体が、別のノウハウの提供やコンサルタントなどといった形での製品やサービスになることもあります。これらは、すべて一方向的な生産メカニズムにおける効率性の追求や、製品とメンテナンスは別といった、セクショナリズムの充満する組織では実現不可能な製品の差別化への挑戦です。そのためには、対内部的には、それぞれのセクション間や個人間の情報流通が必要不可欠であり、それら情報から新しい製品やサービスを創造できる自律的「個」の存在が必要となります。そして、対外部的には、企業と環境の境界においていかにリアルタイムに外部と対話しながら、新しい知識を共有し、それを製品やサービスに展開していくかといった戦略の構築が切に望まれています。このようなことを意識した企業の行動がすでに起こっているのです。これら現状認識から導かれるのは、現状を分析し、新しい経営を考えるにあたって、「個」と「全体」の関係自体に新しい関係性を認め、改めて現状に挑戦していこうという流れです。

　このような動きに見られる複雑適応系パラダイムとはどのようなものな

でしょうか。そしてそこでは、どのような新しいマネジメントの輪郭が描けるのでしょうか。そこから見えてくるのは、企業内の構成要素間の相互作用にのみ創発性の起源を求めるのでなく、企業を取り巻く環境をも、ひとつの決定要因とみなし、従業員・企業・社会（環境・市場）のリアルタイムの対話の中から共創していくマネジメントが必要とされるということであり、「非平衡開放」の社会に存在することを明確に認識したマネジメントであり、企業の従業員は企業のエージェント、企業は社会のエージェントといった関係性のなかでのマネジメントなのであります。したがって、「企業（だけ）のため」「組織のあるべき構造はひとつ」「ベストマネジメントが一つ（だけ）ある」「マネジメントの領域は組織内である」といった前提は取り払われなければならないのです。

　現在のコミュニティはネットワークと関係なくは成立しません。そして、このネットワークは、単なるモノの流れや人間関係や情報のやり取りといった現象面でのネットワークだけでなく、「倫理」のネットワークや「信頼」のネットワークなど多種多様な要素を含んでいます。その上、情報技術の発達によって、このネットワークはリアルな世界だけでなくバーチャルな世界にも存在するので、いままでの「統合」とか「総合」ではないコミュニティが発生します。このコミュニティでは思いもかけない組合わせや出来事が出現し、自己増殖的にコミュニティが変化し発展していきます。複雑系の原理が働くネットワーク社会においては、このプロコミュニティを理解し、追い風にしている企業が、発展成長するのです。トップによって全体の戦略がデザインされ、下位組織はそれに従って動くだけというマネジメントではなく、逆に下位組織の自律的な戦略的行動が全体の動きを形成することもあるといったプロセスを組み込んだモデルが必要とされるのは、まさにこのためなのです。

　経済社会における企業と社会の関係は、対立的なものでもなく、単なる全体と部分の関係でもない、もっと複雑に絡み合った関係です。個々の企業は

自立した個性ある存在でありながら、その企業が置かれた社会環境によって活動が影響される存在でもあり、同時にそのおかれた環境に働きかけ社会全体を動かしていく存在でもあります。すなわち、個々の企業は独自の意図と機能を持って自律的に活動するそのプロセスにおいて、社会を構成している他のさまざまな組織や個人と情報の交換をしながら、社会全体と調和するように活動し、結果として社会全体の秩序を創出しているのです。そして、それらの再帰的な関係の蓄積が企業と社会とを同調させていき、個々の企業の活動が社会を通して自らに戻ってくる再帰的構造になっているのです[64]。

経済社会と企業の関係を考える場合の、この社会と企業の関係は、企業とその構成要素である従業員との関係にもあてはまります。すなわち、従業員の自律的な行動の複雑な絡み合いが企業全体に働きかけ、新しい秩序を創出し、予期せぬ組織化や構造化をもたらすのです。「社会」「企業」「従業員」の関係は、段階的につながる階層構造ではなく、多次元的な位相構造ですから、企業を考えるにあたっては、社会、従業員を包括した関係で見なければならないのです。

複雑系の視点で見るならば、従業員と企業との関係はこのような再帰的な相互規定関係と捉えられるのですから、新しい経営にとって、「個人が変われば、企業が変わる」という視点は重要になります。組織はマネジメントや戦略、狭義の組織や制度が複雑に絡み有って出現するものですから、全体の変革は各従業員やそのグループのせめぎあいの中から創発的に実現していく[65]と考えてもよいのではないでしょうか。

このように、企業とは、最も高度な複雑系（complex system）です。ここでいう複雑系とは、「複雑化するに従って新しい性質を獲得するという『複雑性』（complexity）」、「個の自発性が全体の秩序を生み出すという『創発性』（emergence）」、「自ずと秩序や組織を形成するという『自己組織性』（self organity）」、「突如不連続な存在へと飛躍するという『進化』（evolution）」といった性質を持つという意味です[66]。これらは、自律的エージェント（agent）その

ものが何らかの知的なプログラムを持っており、そのプログラムに従って動いていると考え、しかもエージェントのプログラム自体が変化を起こすこともあるという前提に立つものであります。既存の解に慣れ親しんだエージェントが、従来とは異なる環境や制度的制約に適応するための「新しい解」を創出することでその構造を一変させてしまうことをいうのですが、これは複雑系としての企業組織を考えるにあたって重要な概念となります[67]。

20世紀が過去になっていく昨今、企業は「情報革命」と呼ばれるような激しい情報化の嵐に見舞われています。この嵐によって社会や市場や企業における「情報共有」(communication) が進み、人々の間では「情報共鳴」(coherence) が生じやすくなっています[68]。その中で複雑系としての企業が、今、さらに複雑性や創発性あるいは自己組織化を強め、大きな変化を遂げようとしているのです。

第4節　組織革新への試み

身近な例をあげるなら、濡れたら色で知らせるオシメや、簡単で定型的なトラブルに対する処置を指示するソフトを内蔵している機器のように、知識をこめた製品が出回るようになってきています。また、顧客の希望に応じてきめ細かくカスタマイズしたり、遠隔地の顧客に対して使用方法や解決策を教えるサービスを付加している製品も見られます。いずれも、今日においては製品の物理的品質や価格のみで市場競争する時代は過ぎ去ったことを示しています。また、知識に価値が生じることも身近に経験しています。各種のコンサルティングファームのような企業は、すでに知識そのものを商品として利益をあげているのであり、製薬会社の薬の値段はその原料の価値ではなく、その背後にある材料についての知識や臨床実験の蓄積といった知識の価値であることは疑いのないところであります。インターネットの発達した現在では、知識の蓄積のなかに、あるいは専門家のアドバイスを受けられるア

ドレスにアクセスできる権利が販売できるようになっています。このように知識の活用は現在の企業にとって重要な戦略であり、これを明確に位置付けなければ企業は大きなチャンスを逃すだけでなく、市場での競争に遅れをとることになります。

　一方、消費者である顧客が入手し得る情報は、過去に比較できないくらい量的にも内容的にも豊富になっています。ゆえに企業はその手ごわい顧客の要求をいかにキャッチし、その顧客の要求をすばやく製品やサービスに反映させるかに精力を傾けることになります。ネットワークにつながれた市場では、製品やサービスの提供情報は容易に入手でき、無形のサービスは瞬時とも言える速さで、また、有形の製品であっても、搬送技術の発展や搬送のためのインフラの整備に助けられ、以前には想像できなかった遠方からでも入手できるようになっているからです。たとえ中小企業や個人事業者であっても世界中を競争相手にする市場に放り込まれているのです。

　現在の企業はすべて、このような環境に投げ込まれていることを認めざるを得ません。顧客の嗜好の多様化とそのめまぐるしい変化に対応するためには、リアルタイムに市場と対話をし、きめ細かい対応ができるシステムの構築は必要不可欠です。そこではリアルタイムでの市場との対話のなかで、顧客の多様化した要求に即応する必要上、市場との接点である従業員の働きが企業の盛衰を分けるとすら考えられます。従来ならばトップが情報を掌握し、ボトムはその指示命令に忠実に働くことで、無駄のない組織の活動が保証されたので、ボトムに位置する従業員は必ずしも全体的な知識や情報を必要としませんでした。しかし、このような状況になると、ボトムに位置する従業員であっても企業全体の情報を共有し、組織目標を十分に認識していなければならなくなるのです。また、市場の変化のスピードが速くなっているので、個々の従業員が情報や戦略・企業目標の共有という共通の土壌の上に立って、個人の頭で考え、判断し、行動するというスピードが求められます。その上、市場との対話は必ずしも顧客要求というレベルのものだけではないので、新

製品や新サービス、新システムの創造についても、臨機応変の活動が求められます。ですから、このような企業の現場では、トップダウンの職制や指示命令の系統として、組織形態を整備しても成果が期待できないことは目に見えています。従業員個人が自律的に活動する「場」とシステムの提供が行われなければならないのです。

　ところでこの「場」とは何なのでしょうか。「知識」が重要な資産と位置付けられ、今日この知識が経済を動かしているという認識のもと、多くの企業が知識創造に向けてたゆまぬ努力を続けています。知識が生み出されやすいように、また組織に眠っている暗黙知を明示化し組織全体の知識とするようなシステムや組織を導入して、アイデアやノウハウを結集しようといろいろな提案が出され、試みられています。そのような従来の組織形態をより進化させ、知識を共有し、学習させ、知識の創造を活性化させようとする活動のなかで見えてきたのが、「場」（Communities of practice）[69]という概念です。すなわちこの「場」とは、ある事業目的やミッションを遂行するにあたって、必要な専門能力や共通のスキルやその事業へのコミットメントによって結びついた、リアルかバーチャルかを問わない人々のグループです。どちらかといえば、公式に作られた既存の部署のようにルールに縛られていないので、活動はより自由であり、その結果、そこに集まるメンバーはより自由に闊達に創造的に経験や知識を分かち合い、対話が促進されるので新しい知識も生まれやすくなります。この「場」はしたがって、戦略を推進し、新規事業や新製品を生み出し、問題を解決することを促進します。また、ベストプラクティスを共有したり、各人のスキルを高めたりするためにも役立ちます。このような「場」は過去からすでに存在していましたが、現在のようにビジネスの中で明確に意識され積極的に創造し、維持し成長させていこうとされ出したのは最近のことです。また、「場」はもともと非公式であり自律的なものであるので、トップダウンで創れるものでなく、むしろ逆に干渉されたり管理監督されることを嫌うものであります。トップは適切な人材を集めてき

表1 「場」はほかの組織と何が違うのか

	目　的	メンバー	動　機	継続期間
場	メンバーの能力を育て知識を蓄積・交換する	自発的に参加	テーマに対するコミットメント、献身、共感	継続の利益がある限りずっと
フォーマルなワーキンググループ	製品/サービスの完成	グループに所属する部下全員	職務上の必要と共通の目標	次の組織改編まで
プロジェクトチーム	特定の仕事の完成	経営陣によって配属された社員	プロジェクト自体の中間目標・最終目標	プロジェクトの完了まで
非公式なネットワーク	ビジネス情報の収集と伝達	友人、仕事上の知人	相互の利益	存続の理由がある限り

出所　ダイヤモンド・ハーバード・ビジネス2001年8月号 P124

て、コミュニケーションが促進できるようなインフラを整備し、新しい価値を積極的に評価していくという方法をとることによって「場」を育てることになります。「場」は特定のビジネスユニット内にあることもあるし、部門を横断して存在することも、企業外部とのコミュニティにまで発展することもあります。

　ナレッジ・マネジメント・コンサルタントのエティエンヌ C. ウェンガー (Etienne C. Wenger)、ソーシャル・キャピタル・グループ共同設立者ウィリアム M. スナイダー (William M. Snyder) によると、[場] と他の組織の違いは表1のようになります。簡単にまとめると、「場」とはトップによって設立されるものではなく、非公式かつ自律的に形成されていくものですから、テーマやリーダーなどもメンバーに委ねられます。そのメンバーも強制されるのでなく、いつ、どのような時に参加するかとか、そこで自分がどういう貢献

をして何を得られるのかなど、全て自分で考えて決めることになります。したがって、知識創造や学習への貢献は既存の公式組織とは違ったものとなります。

このように「場」は基本的には非公式で自律的なものですが、この「場」を活かし、活動し、知識創造し続ける人間と、その土壌としての企業風土を育て上げることは可能です。現在、企業においては、過去のしがらみを断ち、変革していかなければならない時に来ています。そのためには環境を整備しインフラを創りだし「場」が育つ土壌を整えることに挑戦せざるを得ません。そこにおいて、トップがすべきことはおおむね3つあります。それは、社内で埋もれている有能な「場」の種を見つけることであり、インフラを提供し能力を発揮しやすくすることであり、「場」の価値を認め評価することです。ナレッジ・マネジメント戦略の一つの側面はまさにこの「場」を作り出し、育てることです。最近の企業戦略の重要な分野であるナレッジ・マネジメントとしての「場」の創造は、すでに実践されています。そのためにトップは、「場」とは何であってどのように役立つのか、「場」が「知」の源泉となるということ、そして「場」は非公式な存在であるが、しかし意識して育成し既存組織と融合させれば大きな力を発揮することをまず理解すべきでしょう。そしてそれを組織内に広めていくのです[70]。

そのための方策の一つとして組織学習があると考えます。ここで組織学習というのは、TQCやJOTや社内での研修といった狭義の学習ではなく、変革のための基礎と位置付けられるものを言います。組織を変革するという場合、ともすれば組織図や制度の見直しが行われますが、組織図や制度を変えても、組織は変わりません。真に必要な組織学習とは「どうせ言ってもムダ」「言い出しっぺが損をする」という企業内の暗黙のルールのリ・コミュニケーションをすることです。また、組織学習とは、創造的カオスを作り出すことでなければなりません。企業の風土・体質改善というのは、お互いに牽制し合いながら安定している、エネルギーが低下している状態にある組織

に「ゆらぎ」を与えて活性化し、活力を高めていくような作用のことをいいます。お互いに牽制し合って、「余計な事は言わないほうが良い」と安定している状態を、「お互いに言うべきことは言い合いながら協力する」という不安定な状態にしていくことが風土・体質改革の中身とならなければなりません。制度や組織機構などに大きな変化を与えることによって不安定にする方法は、多分に「結果として不安定になってしまった」ことになりやすいというリスクを持ちますが、しかし実行しなければ組織の変革は望めないのも事実です。そこで、積極的な実行がなされることが必要となるのです。

　まず、この意図的に不安定な状態を作り出すのは、情報の力です。この情報としては、外部からもたらされるものだけでなく、自分たちの内部から生み出される情報（知恵）や、風土・体質改善とは何なのかという問題に光を与えるといった情報が重要となります。このような、過去から染み付いた固定観念を突き崩すだけでなく、自分達の本質を考え直し、コア・コンピタンスは何か、ドメインは何かといった問題を自分達の問題として見直す作業を伴うような情報によって学習して、初めてイノベーションは起こり得ます。そのような意味でイノベーションとは単なる技術革新ではなく、新しい組合せ、新しい事への挑戦といった意味をもちます。

　マネジメントの世界の潮流は効率追求から創造性発揮、そして創造性の発揮が長期的に見て真の成長を促すのに有効であるという考え方になってきています。したがって、経営の新しいパラダイムは、「知」を創りつづけるカンパニーです。昨今の社会はネットワーク社会となっていますが、情報とはフロー状態の「知」であり、「知」はストック状態の情報、ないしストック化され形態化されている情報です。知識創造 (knowledge creation) とは「知」を創り続けるということですが、知識を獲得、創造、活用、蓄積する四つの側面を回し続ける企業体がもっともクリエイティブかつイノベーティブであると言えます[71]。この知識の獲得、創造、活用、蓄積の四つの側面は知識創造の中心をなすもので、ポラニーの言う暗黙知[72]と形式知のスパイラル

な相互補完によって成立します。そして、この四つの側面をうまく回し続けられるかどうかはナレッジ・リーダーにかかっています。

　このナレッジ・リーダーは社内の人間であることもあれば社外の人間であることもあり、必ずしも肩書きや業務上の階層の長であるとは限りません。また四つの側面すべてに一人のリーダーである必要もありません。このナレッジ・リーダーがリーダーシップをとり、四つの側面を円滑に回し続けるのです。もともと知識は個人の中で生まれます。この個人の中で創られた暗黙知をナレッジ・リーダーは現場を歩きまわり（management by walking around）、対話を促進することによってグループのものとするのです。そして、自分の中の暗黙知を表現し、相手の思いを言語化し、コンセプトで表現し、Whyという問いかけをすることによって、各個人の、またグループの暗黙知を形式知とし、形式知を編集、調整し、つなぎ合わせることにより企業としての形式知に拡大します。最終的にはスキル化できる場を提供し、仕事をつくり、シミュレーションの機会を創出することによって、ここまで創造されてきた知識を企業文化と言われるものにまで創りあげ蓄積して行くのです[73]。このように知識創造をすることができるシステムは、ファンダメンタルな問いかけから始まる対話が持てるかどうかから始まります。また、各々の暗黙知を形式知に変換し拡大していくためには、言語化能力が磨かれ、自分の思いを概念化することを体験させることが重要となります。暗黙知を共有するためには、共体験も自然に任せるのではなく、意識的に行われなければなりません[74]。

　このような集団による知識創造のプロセスを見てみましょう。第一段階では、個々のメンバーはコミュニケーションを通じて、他のグループメンバーと事実や知識（スキーマ）を共有します。場合によっては、既存の知識（スキーマ）に新たな意味付けがなされ変容することもあります。この知識（スキーマ）を共有していく過程を通じて、メンバー全体の有効スキーマ（グループ・スキーマ）も個人の有効スキーマも大きく拡大します。この拡大していく

プロセスが集団の知識創造における思考の発散に当たります。ちなみにこの思考の発散とその後の収束が知識創造に大きな力を持ちます。拡大した有効スキーマは、集団での意思決定を通じて、新たに提供された情報や知識と個々人のスキーマが結び付けられ、スキーマの更新が行われます。この一連のプロセスがグループ学習です。グループ学習を通じて共有されたスキーマは、抽象度の高いものであれば維持され、集団や組織に文化を形成することになります[75]。このように、組織学習とは「組織が自ら変革を創る必要性を発見し、より一層の成功を収めるであろうと自ら信ずる変革に着手し得る能力を確保し、成長させていく過程」[76] であると定義するならば、知識創造とは組織学習にほかなりません。すなわち、環境の変化に即応するための知識創造を意識的に行うためには、組織学習が必要となるのです。組織の存続と発展を支える「成果を上げうる具体的な経営活動ができる能力」[77] を獲得していく過程が組織学習であるからです。

　組織学習としてのもっともシンプルな過程は「環境の把握→既存の規範や価値観との照合→適切な活動の採用」という連鎖で表わされます。一般に広く知られているPlan-Do-Seeというループで表わされる問題解決の過程を回し続けるという発想です。環境変化のスピードが今ほど早くない時代は、このループを回し続けることにも意義がありました。しかし、昨今の環境はスピードだけでなく複雑になってもいるので、照合すべき規範や価値観を常に検証し続ける必要が生じています。そこでは、単純にループを回し続ける手法は意味を失うだけでなく、時には的外れで間違った方向へと導く危険すらあるのです。そこで「価値規範そのものに光をあて、その妥当さ、適切さを見極め、そして必要ならば修正を施し、現下のそして今後に予想される環境に適わしい価値規範に変えるか、もしくは新しい価値規範を作り出す」[78] 必要が主張されます。古川によって主張されている「スパイラルなマルチループ学習」は、この価値規範の見直しを含む複ループ学習に「経営戦略の方向性」と「時間の次元」という二つを取り入れることによって、組織にお

ける継続的な前向きの革新的な組織の変容を可能にします（図6）。これは組織にビジョンとドメインを明確にすることにより、進むべき方向を指示するという自律分散型組織のマネジメントの考え方とオーバーラップするものです[79]。ここにおいて、組織心理学の立場からのひとつの結論と、経営管理の立場からの提案とが重なり合う、新しい組織のあり方への収束が見えます。

ところで、複雑系社会の収穫逓増の世界での成長とは、知識資産をベースとしたインクリメンタブルな成長をいいます。ここでは、知識資産の持つ、使用によって増幅するという経済的特性と、それを活用する知的エージェントの働きが、価値増殖に結び付く重要な原動力となります。企業における従業員をこの知的エージェントと考え、その能力を高めるための組織学習活動こそが知識創造にほかならないのです。

この知識創造の成果である知識資産の活用は知識創造プロセスとシンクロナイズしていなければなりません。この意味で組織が、知識創造の「場」として登場するのです。ここでの「場」の概念は、前述したように、人間同士の関係性、知識資産の活用や創造を促す環境、そして「場」同士のネット

図6　スパイラルなマルチループ学習

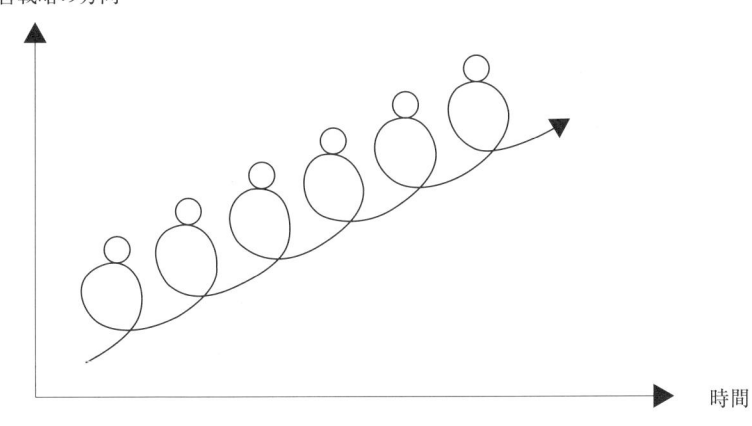

出所　古川久敬『構造こわし・組織変革の心理学』誠信書房1997年p76

ワークを含む戦略的な概念を指し、必ずしも空間的なエリアに限定されるものではありません。また、この意味から、知識創造はIT技術を絶対必要不可欠とするものでもなく、したがって、この部分においては、大企業や中小企業といった企業規模は、具体的手法においての違いはあっても、本質的にはなんら異なるものではありません。私は昨今脚光を浴びてきているナレッジ・マネジメントも、この延長線上の論議であると考えています。ビジョンとドメインを明確にし、知的インセンティブを与えることにより、「個人の生産性」の総和に「組織の生産性」を加えることにほかならないからです。これからの企業ではこの知識創造が継続して行われる「場」としての組織を持たなければならないのです。

25) 〔前野00〕参照
26) 〔Morgan90〕125〜135ページ
27) 〔アーサー97-2〕49〜62ページ、〔吉川97〕93ページ、96〜99ページ
28) 〔アーサー97-2〕74ページ
29) 〔出井　佐和98〕32ページ
30) 〔田坂97-1〕51ページ
31) 〔田坂97-1〕52ページ
32) 〔DHB97/11〕25ページ
33) 〔佐藤97〕191〜195ページ
34) エージェント（agent）とは、一般的に「自律的主体」（Autonomous agent）と訳されるが、自律的かつ能動的に活動し、他者との協調を図る基本単位。例えば、我々人間はもとより、マクロ的に見れば企業や国、あるいは市場などを意味している。エージェントには、その内部により下位のエージェントで構成されているものや、エージェント全体を調整するエージェントというものもある。ここでいうエージェントとは、一般に使われる代理人という意味ではない（〔出口98〕160ページ）
35) 1905年にハンガリーに生まれたサイエンス・ライター。1968年オーストリアのアルプバッハで「還元主義を超えて」をテーマとしたシンポジウムを開催し、新しい人間学への視点を示し、科学界に大きな影響を与えた。その「ホロン概念」（全体を意味する「ホロス」と個を意味する「オン」の二つのギリシャ語を組み合わせた「ホロン」）は"全体"と"個"（要素）の概念の相対性を顕在化させ、全体と要素との関係を新し

い次元へと発展させた〔佐藤 97〕178 ページ

36) アメリカのロスアラモス研究所の非線形系センターから発祥した研究所でジョージ・A・コーワンらによって立ち上げられ 1986 年から活動を開始している。すべての複雑な現象の根底にあり、その複雑性を生成しているメカニズムの解明という、複雑系の基礎研究からそれをもとにした複雑系の制御と応用が、その目標と言われている

37) 「ポリエージェント」(複合多主体) という概念はあるが、複数のエージェントが、相互に学習と内省をし合い、変化あるいは進化を果たしていくネットワークシステムを意味している。その基本要件として、自律と協調と学習の三要素が必要となる〔アーサー 97-1〕15・16 ページ

38) 出口弘 東京工業大学理学部卒業 同大学院修士並びに博士課程を修了。理学博士。中央大学商学部助教授を経て 1997 年より京都大学経済学部助教授

39) 〔組織科学 00〕12 ページ

40) 〔吉永 96〕117〜124 ページ

41) 〔組織科学 00〕14 ページ

42) ミニ生態系を取り巻く、組織化された企業群を結ぶ緩やかな同盟

43) 〔アーサー 97-2〕85〜90 ページ

44) 〔田坂 97-1〕49 ページ

45) 〔常盤 97〕62〜63 ページ

46) 〔佐藤 97〕「複雑系の経済学」191〜200 ページ

47) このような、個が一定の規則に基づいて自発的に活動するだけで、全体が自然に秩序や構造を形成するという特性を、複雑系においては「創発性」と呼んでいる〔田坂 97-2〕225〜231 ページ

48) 〔前野 98〕第 4 章第 3 節

49) 〔アーサー 97-1〕15 ページ

50) 〔アーサー 97-1〕15 ページ

51) 〔塩沢・西山・吉田 97〕154 ページ

52) 〔橋田 98〕P183〜P199

53) 〔アーサー 97-2〕〔吉川 97〕参照

54) 〔アーサー 97-2〕49〜51 ページ

55) 自覚的・自律的に実行すべき任務

56) 〔アーサー 97-2〕26 ページ

57) 〔出井 佐和 98〕32 ページ

58) 〔佐藤 97〕191〜195 ページ

59) DISTRICT OF COLUMBIA 巡回区合同控訴裁判所の口頭弁論における Williams 巡回判

事によってファイルされた裁判所の意見より
60) 1996年現在では世界のパソコンの約80%がマイクロソフトのOSを共通のプラットホームとして利用している〔DHB96/3〕
61) 〔井上98〕より
62) 〔アーサー97-2〕54〜81ページ
63) 〔佐藤97〕179ページ
64) 〔佐藤97〕191〜194ページ
65) 〔佐藤97〕196〜200ページ
66) 〔田坂98-3〕126ページ
67) 〔出口98〕160〜165ページ
68) 〔田坂98-3〕127〜129ページ
69) 認知科学の分野では「実践共同体」と訳されている場合があるが、ナレッジマネジメント等では「場」と訳されている場合が多い
70) 〔DHBR01/8〕120〜129ページ　ウェンガー、スナイダー「場」のイノベーション・パワー
71) 〔野中他97〕17〜18ページ
72) ポラニーはテクニカルなスキル、直感的な認知能力などを暗黙知と呼んでいる
73) 〔野中他97〕27〜38ページ
74) 〔野中他97〕59〜74ページ
75) 〔印南97〕94〜101ページ、297〜299ページ
76) 〔古川97〕68ページ
77) 〔古川97〕68ページ
78) 〔古川97〕70〜77ページ
79) 〔柴田98-1〕第6章〔柴田99〕41〜45ページ

第2章　理論の変遷

第1節　経営学の流れのなかで

　経営学と呼ばれる理論が登場したのは今から約100年ほど前であると言われています。1900年代の初め、ファヨール（Henri Fayol）は「管理」という考え方を使って経営を管理の面から捉える理論を発表しました。彼の理論は今でもビジネスの現場で使われている「Plan → Do → Check」の原型となっているものです。その後1930年代に入って「自由な意志をもった個人が集まって組織が出来上がる」という考え方を使って、組織そのものを解き明かそうというバーナード（Chester Barnard）の理論が登場しました。このバーナードの理論は「人間の意思決定」にスポットを当てた最初で、それがサイモン（Herbert Simon）に引き継がれ、意思決定の仕組みを解き明かそうという流れになりました。

　経営学はこの二つの理論に大きな影響を受けて発展してきたのですが、多くの戦略論は「環境を分析して問題点を見つける→いくつかの解決案を作る→ひとつの案を選ぶ」という流れで組み立てられてきています[80]。これらの考え方はまさに近代科学の要素還元主義とベースを同じくするものであり、そこでの課題あるいは目的は、利潤を最大にするためにどのようにして効率的に組織を運営するかにあり、各論としては、適格な意思決定をもたらす方法の追求であったり、従業員に無駄のない効率的な活動をさせることにあり

ました。すなわち、トップがいかに適格な意思決定をし、その決定をボトムに効率的に伝え組織を動かすかということが、基本的なところでの命題でした。そこでは、組織としては、ヒエラルキー組織がもっとも効率的な運営に役立つ組織であると考えられていました。

しかし、ネットワークが姿を現わし、我々の生活に溶け込んできている今日は、現実世界に関する人々の認識や理解にも変化が兆しています。全ての分野で物事の見方や共通の理解が転換しています。このような現実世界に対する共通の見方、あるいは世界観を「パラダイム」と呼ぶならば、まさに根本的な部分でのパラダイムシフトが起っているのです。

ミッチェル（Arnold Mitchell）、オグルビー（James Ogilvy）、シュウォーツ（Peter Schwartz）によれば、近年すべての学問領域において、現実世界に関する見方が変化しているということです[81]。この変化は一言で言うならば、単純から複雑へという変化です。すなわち、単純で蓋然的なパラダイムから複雑で多岐にわたる現実というパラダイムシフトが見られるということなのです。この現実世界に見られる複雑なシステムの特徴は、全体は必ずしも個々の構成要素の総和にはならず、それ以上になることもあれば、それ以下になることもあり得るというところにあります。それゆえ、組織やそこでの秩序は、ヒエラルキー（hierarchy）からヘテラルキー（heterarchy）へと移行します。

今日では、単一的かつ垂直的な秩序は存在せず、複数の多元的な秩序、つまり、ヘテラルキー的な秩序があるという信念が急速に浸透しつつあると言われています。また、全体についての見方も、機械的一方向的な見方からホログラム的見方へシフトしています。かつては、世界をひとつの機械の仕掛けのように見なして、部分とは機械の歯車のようなものであるという見方が支配的でした。しかし、今日のホログラム的な見方では、いろいろな個別情報は全体にわたって存在しており、それぞれの部分には全体に関する情報が含まれていると考えられているので、それゆえ、あらゆるものは干渉パターンの莫大なネットワークのように相互に連なっており、どの部分にも全体に

ついての情報が含まれている、ということになります。

　そうであるから、結果は確定的に予測できると考えられていたのが、予測は不確定的であると考えられるようになったのです。不確定的ということは、世界は簡単には予測できないばかりでなく、コントロールもできないということであり、複雑なシステムの将来は決定的な予測が不可能であるということです。それゆえ、さまざまな可能性からの選択の結果として、部分的にしか現実は認識することができないということになっています。これはとりもなおさず、線形的因果関係で物事を捉えていたのが、非線形であるところの相互因果関係で物事を捉えねばならないという考え方への変化です。実証主義哲学から発している従来の因果関係モデルでは、閉じたシステムと線形関係で因果関係は捉えられていました。線形関係であるから、インプットとアウトプットは比例的な因果関係として捉えられます。

　これに対して、新たなパラダイムでは非線形関係を想定します。ゆえに、小さなインプットが巨大なアウトプットを生み出すこともあり得ます。また、負のフィードバックだけでなく正のフィードバックもあり得ると考えられますので、互いに影響し合いながら、一緒に進化し、変化していくというように、相互因果関係的に捉えられることになります。また、古いメタファーは要素還元主義を色濃く反映しており、計画した通りに構成要素を集めれば、予想した結果を生む、というように組立て作業式に考えられていました。しかし、今日の世界観に見られるように、システムは複雑で、相互に因果的で、不確定的なプロセスを通して相互作用し合う多様な要素によって構成されており、外部のインプットに対して開かれていると考えれば、それは形態形成的に変化し得るということになります。ここでいう形態形成とは新しい形態の創造であり、無秩序から秩序が生まれることを言います。

　このような考え方のシフトの根底には世界を見る姿勢のシフトがあります。すなわち、今までのような世界に対する中立は幻想に過ぎず、我々が物事を知覚する場合には文化、言語、世界観などから影響を受けざるを得ないわけ

ですから、真に客観的に世界を理解し、見るということは不可能であり、多様なパースペクティブから形態形成的に観察するしかない、という考え方への移行になります。パースペクティブなスタンスによると、同一現象に対して多様な解釈が成り立ち、絞り込まれる焦点の多様性、多角的なパースペクティブなどを認めざるを得ないことになります。ある事柄に単一の意味だけを見出すのではなく、コンテクストによってその意味が幾通りにもあり得るし、あらゆるパースペクティブから多角的に解釈することも可能であることを認めるようになったのです[82]。

　これを組織という視点から言うなら、従来のヒエラルキー組織などの「目的活動的組織論」から、ネットワーク組織などの「コミュニケーション的組織論」への移行が見られるということです[83]。この移行には、その根底に価値観の転換が見られます。すなわち「要素還元主義」に代表される近代科学的パラダイムの上に展開されてきた産業社会では、人々は物質的な豊かさや、外的な成功を目指して邁進してきました。組織は、外的ないし物質的な成長を目指し、組織のメンバーの物質的な報いやヒエラルキー組織における個人的成功とリンクし、オーバーラップしていました。

　そうであるから、組織の目的と個々人の目的とは統合が可能であり、組織は協働システムでありました。しかし、価値観が転換し、精神性が重んじられるようになり、人々は存在の自覚や人格的な関係性に目覚め、反省するようになり、現在では組織のメンバーは物質的な報いに従来のような価値を認めなくなってきています。また、職制上の地位や社会的地位を得ることも、個人としての成功とイコールとは思われなくなっています。そのため、組織では、そのメンバーの人間としての自己実現や個人目標と、組織の存在価値や目的の実現がオーバーラップするような活動を目指すようになってきているのです。そうであるがゆえに、当然の帰結として組織についての考え方も根本的に見直す必要に迫られているのです[84]。

第2節　新ホロニック理論

　ホロニック・マネジメントが、北矢[85]によって、「ホロニック・カンパニー」として発表されたのは1984年のことでした。これは「日本的な仲間主義のもとで、個が埋没する同質的な企業集団では、本格的な知本主義時代をサバイバルすることができないという問題意識に基づいて書かれていた」[86]のですが、現場に定着することなく今日に至っています。それをもって、流れ去りすでに消費された経営理論ではないかという指摘もあります。確かに、一時的にはブームになったものの、マネジメントの現場に定着するに至らなかったのは事実です。現場に受け入れられ定着するに至るには、抽象的に捉えられており、実現の方法を提示するところで、目的合理性的考え方や制度との関係を明確に整理できず、成果を示すところまで行かなかったということでしょう。「個」と「全体」を相互関係的に捉えたものの、マネジメントの目的のところで、効率性の追求という古い組織観の名残を残してしまったために、新しい関係性に対する着目についての一貫性が取れず、埋没してしまったのではないかと考えられます。

　しかし、企業と従業員の関係をホロニック理論で捉えようとした考え方は、現在に十分通用するものであると考えます。ネットワーク社会の現状を経験してきた今日、改めてその理論的位置付けを整理することによって新しくスポットライトを当てられてもよいのではないかと考えています。そこで、新ホロニック理論と称してその理論的説明を試みようと思います。

　要素還元主義は近代の企業を成功させ、ここまで大きな存在としたものです。経営管理面での要素還元主義的発想は、例えば「標準化」や「分業体制」であり、組織面では「階層組織」です。そして、ビュロクラシーとは官僚制と訳されているように、極めて形式化、専門化、中央集権化されている組織で、業務プロセスを組織的に調整するために、標準化に大きく依存しな

がら定型業務を効率よく大規模に行うのに適する組織です。したがって、状況が安定している時にうまく機能し、非常に合理化された反復的業務を行う安定した成熟産業によく見られます。すなわち、ビュロクラシーとは、この要素還元主義の発想で組織をマネジメントする場合に適合した組織形態であると言えます。ここでは、組織は、トップが創造した情報や知識を、単に処理し実現するためだけに存在するのであり、従業員は合理的で差替え可能な生産用具として非人格化されます。その結果、個人の自発性を殺ぐので、不確実で急激に変化する時代には逆機能となります[87]。

　このビュロクラシーの逆機能に対処するために考えられた組織構造がタスクフォースです。タスクフォース組織は、既存の階層組織に比べてフラットであり、ダイナミックな構造を持ち、知性と知識をもっとも価値のある企業資産だとの認識を持つ組織形態ではあるものの、現実の企業におけるタスクフォースの多くが、一時的な問題に対処するために、柔軟かつ集中的に各部署から代表を集めた正式なグループとして作られるので、知識を組織全体に幅広く伝えながら連続的に利用するのには不向きであり、企業全体のゴールやビジョンを設定する能力は持たないのです。ビュロクラシーの逆機能に対応するためと言いながら、階層組織のセクショナリズムやモチベーションの阻害などを回避しながら、その時々のある特定の具体的な目標を達成するのに役立つように組み替えられたという段階に留まっており、その意味ではタスクフォースと言えども目的合理性の考え方に根ざしたヒエラルキー組織の一つと区分せざるを得ず、いまだ要素還元主義的発想を引きずっていると言わざるを得ません。

　現実問題としても、複雑にかつ急激に変化し続ける環境に対応して変化し続ける組織であるためには、旧来のこれらの組織形態では不十分と言わざるを得ません。そのような中で、ホロニック・マネジメントは、要素還元主義を超えた新しい知のパラダイムとしてのホーリズムの影響を受けているという意味において、これからの企業組織を考えるにあたってのヒントを与えて

くれます。すなわち、ホーリズムとは「全体には部分に見られない、新しい性質がある」として、全体性に注目する考え方であり、「全体は部分の総和以上である」という命題は、要素還元主義と全体論の統合を示唆していると考えられるからです[88]。

　ホロンとは「全体を意味する『ホロス』と個を意味する『オン』の二つのギリシヤ語を組み合わせたもので、『全体』と『個』（要素）の概念の相対性を顕在化させ、全体と要素の関係を新しい次元へと発展させた概念」[89] です。近年注目を浴びてきた複雑系の科学は、要素還元主義に立脚した近代の「知」の限界を打開しようという一つの企てであり、「無数の構成要素からなる一まとまりの集団で、各要素が他の要素と絶えず相互作用を行っている結果、全体としてみれば部分の動きの総和以上の何らかの独自の振る舞いを示すもの」[90] を科学しようとするものですから、要素をホロン的な、しかも生きた存在として捉えようとすることは、現実の企業を複雑なまま観察し、有効なマネジメントの手法と組織を研究するのに多大な示唆を与えてくれるものと考えます。

　従来の企業組織が複雑さを縮減することによって規模拡大を実現し、規模の利益を獲得して来たのはすでに触れましたが、複雑さを縮減するということは「生きている情報」を殺すことに他なりませんから、変革期や価値の多様性には対応しにくいのです。生きている社会の中で、生き続ける組織であるためには、この動的秩序や関係性を重視する企業経営の一つの仮説は非常に興味深いものです。これは、均衡を前提とした管理論ではなく、組織構成員各々の自律をベースに、「組織のゆらぎ」「自己組織化」「引き込み現象」といった動的要素を重視する変革論です。そこでは、要素そのものよりも要素間の関係が重要と考えられ、複雑な現実を解剖学的に切り刻んで観察するのではなく、また、直接的なコントロールや組織図的な改善によるものでもない、生きたものとして自らも関わりながらリアルタイムに共創して行こうというマネジメントです。その意味でホロニックの考え方は関係合理性のも

とでの新しいマネジメントへの道を切り開きます。

　要素還元主義の下で展開されてきた企業においては、多くの従業員にとって主体性は邪魔な存在でしかなかったし、情報共有どころか情報格差こそがこれまでのマネジメントのポイントでした。しかし、この新しいマネジメントを実現させるためには、従業員一人一人がホロニックな存在となるための主体性や自律性が必要となります。また情報の共有も不可欠となります。新しい企業組織の一形態として、これを可能にするコンピュータに支えられた情報処理技術をベースにした、自律分散型の組織がイメージされるのです[91]。この新ホロニック理論における組織においては、複雑さを縮減することは、生きている情報を壊すことになりますから、複雑さを縮減するのではなく、現実を生きたものとして、それとかかわりながらリアルタイムに共創していくことが重視されるのです。

第3節　人間観の変遷

　個人がそして企業がネットワークによって地球規模で結ばれるようになった今日、いわゆる高度経済成長時代と言われる大量生産の時代は終わりを告げようとしています。産業社会は成熟し、我々は物質的には充たされてきています。しかし、その反面、物質的な欲求が充たされるに従って、それだけでは満足できない「何か」があることに気付きはじめてもいます。人々は自分と自分を取り巻く社会を省み、その存在の意味を問い始めたのです。

　産業革命以後の約1世紀にわたって、人々は専ら効率性や合理性を追求してきました。そこでの企業活動における人間の役割は、ひたすら生産現場における歯車、生産要素の一つとして考えられてきました。たとえば、効率的な生産体制を築くことをテーマとする分野においては、テイラー（Frederick W. Taylor）の科学的管理法は組織的怠業をなくすことによって生産性を上げるための理論、すなわち人々を指揮・命令系統に編成し、機械の歯車のように動かせる管理のための理論であり、有名なフォードシステム（Ford System）[92]でも人間は機械やその仕組みのなかで生産の一要素と位置付けられていました。その後、ホーソン実験などを経て、メイヨー（Elton Mayo）は人々が相互作用して成し遂げる協働関係に注目し、バーナード（Chester Barnard）も経営者は目的の達成のために組織の構成員にいかにインセンティブを与えて協働させるかについて述べています。

　メイヨーとバーナードは同時代の人であるとともに、組織の新古典理論に属しており、同じく「協働」を唱えています。人間関係に着目したのはメイヨーが最初でありましたが、メイヨーはレスリーバーガー（F. J. Roethlisberger）とともにホーソン実験を行い、人間関係の改善こそが生産性向上のカギであると唱えました。メイヨーによると、人間は自律的な存在であり、かつ社会的・関係的存在であるということです。それゆえ組織目標を達成するた

めにはフォーマル組織だけでなくインフォーマル組織にも注目して、自発的に協力していく人間本来のコラボレーション（collaboration）を考えました。

バーナードは近代的組織理論の創始者と言われていますが、このメイヨーの考えを受けて、人間は社会的関係の中で協働するのであると考えました。バーナードは経営者として得た豊かな経験から、システム論に基づいた組織と管理に関する理論を展開し、「経営者の役割」（The Function of the Executives 1938年）で企業組織の運営方法を分析し、トップダウンの命令よりも、内部から提案が生まれる協力関係の方が有効であると主張しました。そして、共通の目的を実現するためにはフォーマル組織ばかりでなく、インフォーマルなグループも重要な機能を担うと考え、インフォーマルグループでのコミュニケーション機能に着目し、それらの機能を上手く使って人間の本来持っている組織に貢献しようという気持ちを起こさせる必要とその処方箋をのべています。

ここでバーナードは、コミュニケーション機能の働きを認識し、人間を「社会人」（social man）とは考えましたが、しかし、いまだ人間を自己責任を持つ自律的かつ自省的な存在とは見ていませんでした。この人間に関する仮説は、それ以前の古典理論で、人間は信頼できず、受身的であり、金銭によって動機付けられると考え、組織を機械のように見て組織の中の人間に機械の歯車のように働くことを期待した人間観[93]に対する反発から生まれた仮説で、シェイン（Edgar Schein）はこれを「社会人」の仮説と呼んでいます[94]。すなわち、人間は基本的に社会的欲求によって動機付けられ、他人との関係において自己の存在を確認したがるので、組織によって没人格化され、合理化された仕事そのものだけに甘んずることはできず、仕事においても社会的関係に意義を求めるのであるというものです。また従業員は管理者が与える経済的刺激や管理統制より、仲間集団との関係により敏感であるから、自分の社会的欲求が満たされる程度に応じてマネージャーに感応する[95]としています。

しかし、だからといって人間を真に自律的自省的な存在と認識していたのかというとそうではなく、人間を受身的な存在で、画一的な欲求の体系をもつものであり、人間は組織の目的を達成するためのツールであると考え、コントロールする対象として捉えたということについてはそれ以前の理論と同様でありました。だから、彼らを外からの動機付けによって動かそうとして、その処方箋が考えられてきたのです。

　さらに、近年のハマー（Michael Hammer）やチャンピー（James Champy）のリエンジニアリング（reengineering）の手法であってもそれまでの分業体制を見直そうという主張ではありましたが、しかし人間にスポットを当てたものではなく、顧客（Customer）、競争（Competition）、変化（Change）という3Cが変化したことに伴って、購買・生産・販売という経営プロセスに添ったシステムに変革すべきだというもので、従業員の活動や人間としての能力の発揮という観点からのものではありませんでした。効率的な経営を実現することを目的としていたという点ではそれまでの効率性追求の延長線上にある理論であって、ヒエラルキーに基づいたトップダウン式の組織運営を推し進めたに過ぎず、物質的価値観に根差したものであったと言えましょう[96]。

　すなわち、研究対象を企業で働く人々とした理論においては、メイヨーやレスリーバーガーが、人間関係に注目した最初の理論でした。それまでのテイラーなどが活躍した時代の研究は、人間と機械を同列に、あるいは人間（労働者）は生産のための道具だと仮定して、その管理の方法を考えたものであったので、この人間関係論（human relation theory）において初めて人間にスポットが当てられたのではありました[97]。しかし、生産性の向上のためにどのように人間（労働者）を管理すればよいのかということが根本的なテーマであり、人間関係にスポットが当てられてはいますが人間の持てる能力や欲求に焦点が当てられたのではありませんでした。

　人間を機械と同じだと仮定していたそれまでの研究者や経営者は、だから従業員は命令しなければ働かないし、手取り足取り教えなければ仕事のやり

方もわからないと考えていました。それに対して、人間に対する考察の研究の展開においては、アージリス（C. Argyris）が、そのようにいつまでも従業員を子供扱いするから、かえってモチベーションが低下すると分析し、職務拡大や参加的リーダーシップという方法をもって組織で働くことが個人的な成長につながるような環境を作ることによって、モチベーションの低下を防ぎ、業績向上を図ろうという提案をしています。また個人と同様に組織の側も成長し成熟していくべきことも主張しています。これは、個人も組織も学習することによって成長し環境の変化にも対応して行こうと主張している点で従来と比べて発展していると言えます。

　マクレガー（Douglas McGregor）は経営理論のなかで性善説と性悪説のような考え方をして、人間はもともと仕事が嫌いなわけではないので、自己実現欲求を満足できるような仕組みを作ってあげればやる気になるという理論を展開しました。そしてハーズバーグ（Frederick Harzberg）は動機づけ—衛生理論と呼ばれる理論のなかで人間は興味のある面白い仕事には一生懸命取り組むものであるから、彼らの自己実現欲求を充たすようにすることによってモチベーションを高められるという主張を展開しました[98]。その他ポーター（L. W. Porter）やローラー（E. E. Lawler）は人間の努力が満足につながる仕組みを解明する研究をしています。

　これらの過去の研究をみるに、近代科学的考え方をベースに効率性や生産性の向上に資することを目的とした時代には、人間は機械の一部であり、生産要素の一つとして道具的に捉えられていました。その後、人間の働きにスポットが当てられても、それは感情や欲求がある人間の特性を捉え，それをどのように動機付け、やる気にさせるかということを課題としており、あくまでベースは効率性や生産性の向上にあり、その意味で物質的価値観に根差したものでありました。

　それに対して、組織論の現代理論の研究傾向は、複合科学的な研究アプローチをなしています。その多くは、組織を「複雑なシステム」として捉え、

その組織を構成している人々を「複雑な存在」として捉えています。人間に関するこの考え方を、シェイン（Edgar Schein）は「複雑人」(complex man) の仮説と名付けています。現代理論においては、従業員は仕事の中に意義を見出し、自らの仕事を通し自己実現を目指すと考えられています。したがって、これらの従業員は外在的な要因では動機付けられず、彼らに権限を委譲し、自分で問題をこなし、挑戦するような条件付けをするといった内在的要因による動機付けが望ましいとされます。

シェインはそれを一歩進めて、人間はそんなに単純に割り切れる存在でなく、多様な欲求や能力を持つ非常に複雑な存在であると考えました。人間は複雑な欲求を持つと同時に変化しやすく、属する組織や役割が異なると動機も異なるような存在であり、組織内での活動によって新しい動機を学びます。また、人々を組織に参加させる動機はそれぞれによって異なるので、常に全ての人々に有効なただ一つの正しい管理戦略は存在しない、と言うことになります。人々の能力や欲求は年齢や経験、おかれている状況や役割や人間関係が変化するのにともなって変化するので、マネージャーはその差異を感じ取り柔軟に対応しなければならないと主張しているのです[99]。

しかしながら、このシェインの「複雑人」の仮説であっても、これら組織に関する議論は究極的には組織の目標を達成するための方法や仕組みについてでありました。「現代理論になって、人間に対する理解はより豊かになっているものの、あくまでもそれは従業員を定められた組織の枠の中に閉じ込め、基本的にシステムの立場ないし組織管理者の立場から与えられた目標あるいは目的を合理的かつ効率的に達成させるための仕組みにすぎないのではなかろうか」[100] と考えます。それは、組織の合目的活動、すなわち組織目的を合理的かつ効率的に達成するためにはどのように資源を配分し、動員し、組織し、管理すればよいのかということを考えるものであるということを自明の前提としており、近代以後の組織論の重点が組織目的をいかに効率的に達成することができるかという方法論の提示であったことを示しています。

ハマー（Michael Hammer）とチャンピー（James Champy）らのリエンジニアリング論は、プロセス・チームの編成を唱えているので、一見するとヒエラルキー組織とは違った組織を提案しているように見えます。しかし、このリエンジニアリング論であっても、「ヒエラルキーに基づいたトップダウン式の組織運営を推し進めたにすぎなかった」[101]のであり、ヒエラルキー制度の問題点を改善しようという提案ではあるが、考え方の元のところでヒエラルキー制度と根本的に区別される制度であるとは言いがたいのです。つまり、これまでの議論のほとんどが経営者側の立場に立って、プロセスと効率性に焦点を当てる傾向にあったのであり、「協働システムとしての組織を語りながらも、組織のメンバー同士が了解し合うコラボレーションではなく、システムの目的を達成するための操作的な協働を語ったといえる」[102]のです。あいかわらず、組織で働く人間は組織の目的を達成するための要素の一つであり、それの有効活用のための手段という観点からの提案にすぎなかったのです。いろいろな理論で参加システムや柔軟な組織の仕組みの導入が語られても、依然として、そこでの人間はアメとムチによる管理・統制の対象にすぎませんでした。すなわち、これまでの既存の組織論で組織の構成員たる従業員に期待されたのは、組織の目的を効率的に成し遂げる目的論的行為の遂行であり、組織の規範やルールなどを誠実に守るトップに従順な規範規定的行為でありました。

どのような組織であっても人間の集まりである限りコミュニケーションは存在し、それによる相互行為も当然存在しますが、そうであっても、まだその役割はトップダウンやボトムアップのための意思伝達であり、自律的自省的な人間同士のコミュニケーションという認識には至っていないように思われます。いろいろな企業で先進的と評価されるシステムや組織を導入しても、その多くが成功に結び付かないのは、結局のところ、トップからの押し付けの制度の導入であり、その根本の考え方のところで、旧態依然とした考え方を引きずっているための、制度的きしみであると言えます。これからの経営

者は表面的な制度導入に眼を奪われるのではなく、時代が、また環境が要求している流れを適格に感じ取り、理解しなければならないのです。

　朴が「ネットワーク論」で述べているところですが、近年、産業社会は成熟し、人々の物質的な欲求はある程度充たされてきています。その上、専ら効率性や合理性を追求した結果は、過去に夢見ていたようなパラダイスではなく、かえって人間が人間らしく生きられない社会にすらなっているということに気付き始めました。人々は、このような現実に対して反省し始め、物質的な成長や豊かさより、自分と世界の意味を問い始めたのです。これをイングルハート（Ronald Inglehart）は物質的価値観から脱物質的価値観への転換と呼び、この脱物質的価値観を身に付けている人々をヤンケロヴィッチ（Daniel Yankelvoch）は「自己充足人（self-fulfillment men）と、ミッチェル（Arnold Mitchell）、オグルビー（James Ogilvy）及びシュウオーツ（Peter Schwartz）そしてキンズマン（Francis Kinsman）などは「内部志向の人間」と呼びました[103]。

　朴は、それまでの目的活動的組織では、程度の差はあっても、組織のメンバーが自覚的に自己を吟味し反省する活動を放棄させ、組織の目的志向的活動へ彼らを従事させる処方箋を出してきたと考えられると述べ、これに対して「自主的な人々が対等につながり、話し合うプロセスのなかで互いに了解を得、協創していくもう一つの組織のパターンを『コミュニケーション的組織』」と呼び、この組織ではハーバーマス（Jurgen Habermas）のいうコミュニケーション的合理性が第一義的な意味を持つと言っています[104]。

　このようなコミュニケーション組織であっても、組織である以上形式的な規制があるのは当然であり、認知的・道具的合理性や規範に導かれた合理性が否定されるわけではありません。組織メンバーがコミュニケーション的行為を第一に指向していることを意味していることを表しているのです。そこでは、人間をモノローグ的な単独者ではなく、相互の自覚とお互いのコミュニケーションの中で生きている相互主観的な関係者と捉えます。人間を常に自分や世界を吟味し、省み、その意味を考えながら、それによって新しい自

分や世界の状況を定義付け、さらにその状況を改変していく存在と捉えるのです。このような人間が目的や価値の実現、自己実現などを求めて出会い、人格的な関係で協創していく仕組みがネットワークであると考えますから、ネットワーク組織では、人々は互いの目的を達成するために協力し合い助け合い、互いに成長していくために組織に参加するのです。ここでは人間は管理しコントロールする対象や、単なる専門能力や機能の担い手ではありません。自分の目的達成、価値実現などを他者のそれとリンクするのです。朴はこのような人々を「自省人」(self-reflection man) と呼び、この自省人を暗黙的に想定する人間に関する仮定を「自省人の仮説」と称しています。それによると、この仮説は、ネットワークの背後にあると想定される、人間は自省的な意識を持っていて自分や他者や世界を省みる存在であるとか、人間は単独では存在できず人間間でのコミュニケーションのなかで互いの価値を実現し人生を通じて成熟していく間主観的な関係人であるとかいった価値観を含んでいます。そしてまた、人間は互いの存在を知覚し合い、その時々の問題を共感し合う共存者であり、外的成長だけでなく内的成長も重要だと認識している存在であるから本来的に自律的な存在である、といった価値観を含んでいると考えられます[105]。

　このように、物質的価値観に疑問を持ち始めた人々は、過去からの伝統的な態度や男女の役割分担、性的規範などにも疑問を持ったり、自然環境や社会環境の質などにも関心を持つなど、その価値観も多様性を見せてきています。このような人々は、ヒエラルキー的な人間関係ではなく、もっと親密でフランクな人間関係を持とうとする傾向を示し、人間相互の信頼が重要と考え、コミュニケーションを大切にし、自己表現、自己実現などにその欲求が向けられています。その当然の結果として、人々は目的活動的行為を強いられるヒエラルキー組織で、官僚制的なルールに縛られ、決められたことを忠実に実行することだけを求められ、コントロールされることには耐えられなくなってきています。また、昇進・昇給といった、組織ピラミッドの上の方

に昇っていくことには魅力を感じなくなっています。むしろ、自分自身を信頼し、相手を信頼し、認め合い、協力し合って新しい価値を創出するといったことに満足や価値を見出すのです。

　したがって、自分でやりたい仕事を自己責任で自主的に決定し、自ら実行し、その結果を省みることを好み、そのような活動が可能であるように、自分が関わっている制度や組織にはフランクで柔軟なユニットであることを望む傾向が見られます。このような脱物質主義的な感覚を身に付けた人々に、組織の中で思う存分に能力を発揮し、やりがいを感じて仕事をしてもらうためには、自分で目標を設定でき、それに自己責任を持たせる仕組みが必要なのです。組織のメンバー同士がピアとして、パートナーとして、あるいはコラボレーターとして協働していく仕組みが必要であるのです。そこでは、あらかじめ詳細にわたって計画が策定されて、その計画に縛られるというようなことはなく、柔軟に計画を立て、それを実行したり、さらにそれを変更したりすることができなければなりません。また、同時にそれぞれの失敗を得がたい経験であると認識し、そこから学ぶという組織風土も必要となります。彼らはもはや自分の頭で考え行動するといっただけの単なる自律人ですらなく、自分を省み、自分の力で自己を革新していく能力を持った自省人となっているのです。このような脱物質主義者は、もはや自分や自分が属している組織という殻に閉じ込もったり、排他的になったりすることはなく、隣、社会、全宇宙にまで横断的関係を持ち脱属領化運動を続けていくノマドとなるのです。これからの企業はこのような特徴を持つ人々を従業員としていることを、はっきりと認識し、これらの人々が活躍できる「場」としての組織を構築して行かなければならないのです。

80)〔山下　上野 01〕参照
81)〔Mitchell Ogilvy Schwartz87〕邦訳 39〜53 ページ
82)〔朴 03〕第 1 章　第 1 節

83）〔朴 03〕第 5 章
84）〔朴 03〕第 1 章　第 2 節
85）北矢行男　多摩大学教授　戦略問題研究所所長（1999 年 12 月現在）82〜83 年の戦略経営ブーム、84〜85 年のホロン経営ブームの仕掛人として知られる
86）〔北矢 99〕はしがき
87）〔前野 98〕第 4 章　第 3 節
88）〔佐藤 97〕175〜180 ページ
89）〔佐藤 97〕178 ページ
90）〔佐藤 97〕178〜179 ページ
91）〔佐藤 97〕178〜179 ページ
92）フォード社の採用した大量生産方式。その基本は「標準化＝限定化＝細分化」と「移動式組立法＝生産の同期化」にある〔井原 00〕87 ページ
93）シェインはこれを「合理的・経済人」(rational-economic man) 仮説と呼んだ
94）〔Schein80〕邦訳 62〜76
95）〔朴 03〕274〜275 ページ
96）〔山下　上野 01〕186〜190 ページ
　　〔朴 03〕73〜75 ページ
97）〔井原 00〕108〜118 ページ
98）〔井原 00〕136〜142 ページ
99）〔朴 03〕第 7 章第 2 節参照
100）〔朴 03〕278〜279 ページ
101）〔Dent98〕邦訳 158〜159 ページ
102）〔朴 03〕188 ページ
103）〔朴 03〕32 ページ
104）〔朴 03〕278〜280 ページ、189 ページ
105）〔朴 03〕第 7 章第 3 節参照

第3章　ネットワーク社会における企業

第1節　パースペクティブシフト

　「変化に対応する」とは組織の関係性の中で言うなら「権限が委譲される」ということと深く結び付いています。トップ以外が判断する、せざるを得ないという状況にどう対応するかということでもあります。権限が広く委譲されると、組織の中で判断できる人間が増えることによって、組織の動作のスピードが格段に増し、仕事の現場に近いところで判断が行われるようになるので、判断ミスも少なくなります。また、自分の頭で考えて行動する人間が増えることで、細かな環境の変化にも対応しやすくなると考えられます。すなわち、個の状態・組織の体質が活性化した状態であります。そしてこれは、速さと柔軟さが備った組織の状態でもあります。
　しかしながら、判断する人間が増えるということは、意思決定される方向が分散化されるということでもあります。それによって、速さと柔軟さは増大しますが、そのことは同時に意思決定をする人間が分散化するということで、無秩序になる可能性も増大することを意味します。そこに秩序を与えるためには、意思決定の方向の分散を、ある一定のリスクの範囲内にとどめるような仕組みとマネジメントが必要となります。
　かたや、今日の企業経営においては、企業同士あるいは企業と市場の間をネットワークでつなぎ、リアルタイムな対話を形成し、市場の需要そのもの

を市場と共創していくという方法がとられます。市場をはじめとする企業を取り巻く全ての人々と共鳴し合いながら知識創造を促進するマネジメント、すなわち「知の共創」が必要とされるのです。このように企業を取り巻く社会とリアルタイムな対話をしながら、「知」を共創していくためには、まず企業内において従業員たるエージェントが充分自発性を発揮し、影響し合える「場」が提供されており、そこで活躍できるようにエージェントが自律し十分に自省的に働けることを保証することが望まれます。そうあってはじめて、創発性と自己組織化が促進されるからです。

　ネットワーク組織と言えども、企業目的を実現させるため、企業を成長させ発展させるための、人々の協働組織であることには違いありません。しかし、従来のヒエラルキー組織でいう「協働」とは人間に関する理解において根本的に異なります。ネットワーク組織が形成されつつある今日、その意味するところは目的活動からコミュニケーション的活動へのパラダイムシフトであり、「目的活動的組織論からコミュニケーション的組織論へのシフト」[106] です。かつて経済学や経営学で論じられていた人間に関する仮定は、労働者については機械的に指示命令に従う存在であり、経営者については合理的な判断をする経済人でありました。しかしこのようなシフトのなかで人間に関する仮定も合理的判断をする経済人から、社会人、自己実現人、複雑人などから「自省人」へと転換することになります。これは、単純性のパースペクティブから複雑性のパースペクティブへと転換していることを意味するものでもあります。

　複雑系社会では環境は激変し続け、企業の運営はリアルタイムに市場と対話しながら「知」が創造され、環境変化に常に即応し続けることが求められますから、それに対応し得るためには、市場や環境と接する全ての個人が自律的自省的に活動し、全体との調和の中でシンクロナイズしコラボレートできなければなりません。そのような活動が保証されるためにネットワーク組織を持つのです。ネットワーク組織は「自省人」が緩やかに結び付いて形成

されるものですから、そこでは支配従属の問題や外在的要因による動機付けはほとんど存在が意識されません。メンバーの間で不一致が起こればそれを自分達で調整し、自己組織化する仕組みだからです。メンバー同士が十分に議論し、互いに承認し合い理解し合って、メンバー同士の合意によってその仕組みも作られていくのです。

　これらは必ずしも個々人の目的や全体の目的を達成するためのルールや規範を否定し去るものではありません。ネットワーク組織といえども現実の企業が存続するためには、ルールや規範は必要であります。要するにメンバー同士が議論し、了解し合って、その目的を設定し、達成方法などを定めていくことが重要になってくるということに着目しているのです。いかにしてメンバー同士が共通の認識を持ち共鳴し合い、自発的にコミットメントしていくかが重要視されるべきなのです。

　これからのマネジメントや組織の構築にあたっては、メンバーはこのような自省人であることを意識し、自省人たる従業員にフルオープンの情報を提供することによって、これら個人やグループがそれぞれの活動を認識し合いながら影響し合い、協調し共鳴して活動して行く場面を想定すべきなのです。そのためにはメンバーは自律的であるだけでなく、自省的であることが求められます。したがって、メンバーを自省人として認識すると同時に自省人を育てるマネジメントをしなければなりません。

　近年における経済社会の変化とそれに伴う企業の現実を観察し、かたや経営学や組織論はどのような変遷をしてきているかについて考えてきました。そして20世紀初頭のころからのヒエラルキー組織を中心とした「目的活動的組織論」からネットワーク組織などの「コミュニケーション的組織論」への移行についての考察もしました。しかしながら、複雑系社会の出現として述べたように、収穫逓増の原則が働く社会が出現したからといって、従来の収穫逓減の原則が働く社会に完全にとって変わるわけではないのと同様、このネットワーク組織あるいはコミュニケーション的組織が従来のヒエラル

キー組織ないし目的活動的組織に全面的にとって変わると主張しているのではありません。ひとつの企業のなかで二つの組織が並存することもあれば、混合形態もあり得るでしょう。しかしパースペクティブシフトが生じていることは、現状の観察からも明らかなのです。

　ここでそのパースペクティブのシフトとネットワーク組織について整理しておくのがよいでしょう。ネットワーク組織などの新しい組織形態を考察するにあたって有用であると思えるからです。

　組織についての見方は、一言で言うなら「単純性のパースペクティブ」から「複雑性のパースペクティブ」にシフトしています。時代が変わっても人間が根本的に変わるわけはありません。人々の間で生じるコミュニケーションやコラボレーションなども、どの時代の組織にも存在しなかったわけではないと思います。パースペクティブがシフトしたから、従来では特に認識しなかったものが、認識すべきこととなったのであると理解すべきでしょう。

　朴は「ネットワーク組織論」で組織における「単純性のパースペクティブ」を「所与的、中心的、定住民的、機械的、認知的、道具的合理性などを仮定している組織観」として、「複雑系性のパースペクティブ」を「脱所与的、脱中心的、ノマド的、ホロン的、関係的合理性などを仮定している組織観」としてそれぞれ定義しています[107]（表2）。

　従来のヒエラルキー組織における基本的な考え方の一つに目的の所与性が

表2　組織におけるパースペクティブシフト

単純性のパースペクティブから	複雑性のパースペクティブへ
所与的	脱所与的
中心的	脱中心的
定住民的	ノマド的
機械的	ホロン的
認知的・道具的合理性	関係的合理性

出所　朴容寛『ネットワーク組織論』ミネルヴァ書房2003年　p282　表8-1

あります。すなわち組織は目的によって定義され、組織内の従業員は所与の目的を達成するために最善を尽くすべき存在と考えられていたのです。しかし、ネットワーク組織ではそのメンバーをまとめ、一つの方向性に向けて導くのは所与的な組織目標や生産性や効率性などではありません。ネットワーク組織では、メンバーは、他のメンバーの思いに共鳴し、対話して了解し、コミットメントします。異なる意見や違う考え方などが出てくると、納得できるまで話し合って了解して進むのです。彼らは目的を実現するために働かされているのでなく、自発的に働きかけているのです。したがって、環境や状況が変われば柔軟に計画を変え即応していくのです。ネットワーク組織でのメンバーは、指示命令に従う労働力という意味では、もはや従業員ではありません。彼らはアソシエーツ（associates）ないしコラボレーター（collaborators）なのです。そのように考えると、ネットワーク組織の中では、単に従順にルールをキチンと守る人間より、何が正しいことなのかを自ら判断し、新しいことを創造し、未来の可能性に挑戦していく「自省人」が必要だということになるのです[108]。

　また、ヒエラルキー組織では、トップがすべてのことをコントロールできるようにピラミッド形式に積み上げられた秩序によって運営されてきました。すなわち、権力はトップに集中されていました。それに対しネットワーク組織ではヒエラルキーも権力の集中もありません。ネットワーク組織でもリーダーは存在しますが、それは「職名」ではなく、権力の集中でもありません。ネットワークにおけるリーダーは、その局面におけるその専門性や能力ゆえでのリーダーシップを期待されます。したがって、局面が変われば、リーダーは代わります。ネットワーク組織のような脱中心的なパースペクティブでは、人々がエンパワーメント化されるから、従来ディスエンパワーメントされてきた人々にも力が与えられ、キャパシテーション（capacitation）が与えられますから、これらの人々も自省人に育てられます。企業で全従業員に権限を委譲すると、組織の効率が下がり全社的まとまりが悪くなるのではない

かという心配は、仕事の内容や業種によっても違うでしょうが、杞憂であることは事実が示しています。特に、研究開発や営業部門では、社員に自由を与えて効率が上がっている場合が多々見られます。

既存の組織では、一般的には、一度ある組織に就職すると、その組織に根を下しそこで組織と共に成長していくことが望まれる傾向があります。しかし、これは自分の組織などのバウンダリーに閉じ込められることを意味します。これによって個人はバウンダリーにおける固定観念や習慣を硬く身に付けることになり、柔軟性を失うことになりがちです。また、バウンダリーの境界にこだわり、セクショナリズムも発生しやすいと言えます。これに対して、ネットワーカーはネットワークへの出入りも自由で、必ずしも自分の境界やテリトリーを意識しません。その意味で、組織の境界を軽々と超え、時空を超えて他のネットワークの人々と手をつなぎ、そのネットワークを広げていくという意味でノマド的であります。

市場や社会とリアルタイムで対話しながら業務を推進することが望まれる現代の企業では、構成員たるメンバーはノマド的であることが必要とされます。また、創造的ネットワークの一つの特徴は、オープン・システムであることに求められます。そのため、ネットワークはメンバーが入れ替わったり重複したりするので、流動性は大きく、その結果、組織は絶えず新しく生まれ変わることになります。そのメンバー達も、絶えず自分を吟味し、省み、反省して生まれ変わります。その意味でも激変し続ける環境に対して即応し得る組織であり、組織のメンバーであると言ってよいでしょう。そして、現代社会の様々な問題を解決するには異なる組織に属する人々が組織を横断して協働しなければなりませんので、このオープン性は変えがたい機能を持つことにもなります。

また、従来の組織は機械に例えられてきましたが、ネットワーク組織はホロンで例えられます。すなわち自主的で自律的で自省的な個人が対話や共感を媒体として、共鳴しシンクロナイズしながら活動するホロン多様体であり

ます。ホロンという言葉はケストラーがギリシヤ語のホロス（全体）とオン（部分）を組み合わせた造語でありますが、ネットワーク組織は、個性と専門性をもった個々人が、自律的に結ばれているホロン多様体であると言えます。個々人が集まりネットワークが形成され、そのネットワーク同士が集まってまた別のネットワークを形成するというように組織されますが、個々人やそれぞれのネットワークは、それぞれ自律的であり、自省的に活動しながら、相互に影響し合い、互いの関係を自ら創り、更新し、成長していきます。ネットワークのメンバーは歯車でもなく顔のない人間でもありません。メンバー一人一人がノードでありリンクなのです。彼らは自分自身で役割を創り、自らも変革し続ける自律的な個々人であり、そのような個々人がコンテクストないしコミュニオンを共有することによって、一つの方向性を持って協力し合い、了解し合っていくのです。ネットワークは共鳴によって秩序付けられ方向付けられます。ネットワーカーは既存のバウンダリー特性にはこだわらず、コンテクストないしコミュニオンを共にする人とつながります。

　ネットワーク組織を語るとき、メンバーの自律性や冗長性や自発性などが強調されるので、ヒエラルキー組織のような効率性や合理性は追求されないかのような印象があります。しかし、人間はもともと限定されてはいても合理性を持っていますから、人間の集団であればネットワーク組織であっても合理性は働くのではなかろうかと考えています。ヒエラルキー組織で見られるような認知的・道具的合理性とは違った合理性が存在しているとは考えられないでしょうか。朴によると、「人間本来の相互関係の回復という動きとして広がりつつある相互行為的ネットワークには、相互主観的な基本的な知識が共有され、その行為（言明）が根拠づけられる行為」[109]であるという意味で（狭義の）コミュニケーション的合理性が働くと言えます。このコミュニケーション的合理性を、ハーバーマス（Jurgen Habermas）は、発話でき行為できる、すくなくとも二人の主体同士が、「自分達の行為の意図および行為を同意できるよう調整するために、行為の状況に関して了解を求める」行為

であると言っています[110]。

　ヒエラルキー組織では、組織の特定の目的を達成することが自己目的化され、組織メンバーはその道具とみなされるので、組織内のコミュニケーションは指示命令の手段とされていました。これに対し、ネットワーク組織では組織の目的を自己目的化するのではなく、組織の目的と自己の目的をオーバーラップさせることが求められ、メンバーは道具でなく個性を持った人間と認められています。また、このメンバーの組織への参入や退出は自由で、流動的であり、複数の組織に重複して参加することも、外部の専門化を組織内に取り込むことも起こるので、組織であるがゆえの目的合理性が働くと同時に、コミュニケーションによってコンセンサスを得、協働していくことになります。したがって、ここでの合理性はコミュニケーション的合理性であり、朴のいう関係的合理性です。コミュニケーション的合理性には、対話するメンバーの異なる意見や矛盾などが無視されるのではなく、互いにそれを尊重しながら議論し納得し了解していく、その合意形成プロセス重視の価値観も含まれています。コンテクストを共有している人々が、互いに違った意見や見解を主張し合いながら、同時に何らかの相互依存関係を持ちつつ、自律的につながりを持ち、その中で新しい意味や価値を発見したり、自己を実現したりするならば、これらの行為や活動には関係的合理性があるのです。

第2節　ネットワーク組織

　今日ネットワークという言葉は、流行語になったと思われるくらい、いろいろに使われています。織物や構造物といった物体の網状状態だけでなく、人のつながりである人脈や資金のつながりである金脈をはじめとして、交通網や通信網のようなインフラなどにもこの言葉はつながりを表す言葉として使われています。最近とみにこのネットワークという言葉が目に付くようになっていますが、それはインターネットなどでつながった様相がまさにネッ

トワークと表現する以外にないような状況を呈してきているからにほかなりません。しかし、同時にあまりにも多様にまた一般的な言葉として使用されすぎているので、ネットワーク社会やネットワーク組織を論じる前にネットワークという言葉とその用い方について整理しておかなければなりません。

　ネットワークを広辞苑（第5版）で引くと、「（網細工・網状組織の意）①多数のラジオ・テレビ局がキー局を中心にして組織している番組供給網。②コンピュータ・ネットワークの略。」とあり、金田一春彦監修の学研現代新国語辞典改定第2版によると「網のようにはりめぐらされた連絡組織」とあります。リーダーズ英和辞典[111]によるとネットワークは名詞と動詞として使われています。名詞として用いられるときそれは「網状組織、網細工、網織物」と訳されます。すなわち網の状態をしている構造物、網目状の構造、河川・鉄道などの様態、（比喩的に）非物質的なものが相互に連結されている状態やシステムやプロセス、相互連結された人々のグループ・組織またはその属性などを現わします。動詞として用いられるときは、網で覆う、放送網や通信網を設け使用する、データ転送・プロセシング能力の共有や分有の機能を持ち多くの場所からアクセスできるようにコンピュータと相互に連結する等の意味に使われます。

　いずれにしても我々がネットワークというとき、それは網目状をしている構造ないし様態またはその属性を指すか、網状につなぐ行為またはそのプロセスを指すと言えましょう。朴によると「ネットワーク」というとき、それは「自律的な部分が網状でつながり、全体のアイデンティティを保ちながら相互作用しているひとつの統一体」[112]を称するということになります。また、リプナック（J. Lipnack）らは、ネットワークはただの従属的な部分の寄せ集めではなくホロン（holon）であるとし、部分同士の相互作用があることに注目して、ネットワークを「全体のアイデンティティを保ちながら相互作用する部分からなるひとつの全体」であると定義し直しています[113]。本書でネットワーク社会とかネットワーク型組織というときはまさにこの概念で

用いています。

　ネットワーク社会が複雑系社会の到来を呼び、高度情報技術がそのネットワーク社会に存在する個や組織を支えているのですが、それはネットワークが単なる個を網目上に連結しただけのものでなく、ネットワークでつながれた自律的な「個」が相互作用しながら全体を構成し、「個」同士、あるいは「個」と「全体」が再帰的に影響し合う関係を持つからにほかなりません。大乗仏教の経典に"インドラの網"が出てきます。これは、帝釈天（インドラ）の宮殿を覆っているといわれる飾り網のことですが、その網の目の一つひとつに宝玉が付けられており、そこには他のすべての網目の宝玉の影像が映っている様子が語られています。この網目の宝玉には他の全ての網目の宝玉の影像が映っており、当然その影像には他の宝玉に映った自らの影像が含まれており、さらにそれがまた他の宝玉に映るというように、重々無尽の影像の重層化が続いている様です[114]。本書で述べようとしているネットワーク社会とはまさにこのインドラの網であり、企業や個人はそのネットワークの網目を飾っている宝玉に例えられるのです。

　したがって、ネットワーク組織とは、自律的な存在としての個のつながりであると同時に、ひとつの主体として自らそれらを束ねて意思決定することが可能な組織で、組織目的である一定の方向に向けて調整されているもの、ということができると考えます。このネットワーク組織とヒエラルキー組織との区別の基準は、目的や価値を共有・共感しているメンバーらが自律性を保ち、分権的かつ緩やかなシステムが保たれているかどうかにあります。今まで研究され、社会において存在してきた組織は、効率性の追求を第一目的とし、その目的を実現するための考え方や手法が研究され、実務において実践されてきました。しかし、社会が変化し人々の意識が変化した今日、効率性や利便性の追求を最優先目標としてきた産業社会の諸論理は行き詰まり、それら組織は限界を露呈し、新たな組織を求め始めています。

　本章第1節で述べたところですが既存の組織は「目的活動的組織」であり

ヒエラルキー組織のような認知的・道具的合理性を第一義的に優先し、重視する組織でした。それに対しこれからの組織を朴は「目的活動的組織」であるヒエラルキー組織に対して「コミュニケーション的組織」であるネットワーク組織であるとし、比較分析しています。それによると「コミュニケーション的組織」とはネットワーク組織のように自主的な組織のメンバーが対等につながり、話し合う関係の中で互いに了解を得、「協創」していく「関係的合理性」が第一義的に重んじられる組織ということができます。そこでは従業員はアソシエーツ（associates）ないしコラボレーター（collaborators）でありますから、ネットワーク組織では権限は集中せず、その代わりにアソシエーツの全ての人々に権限は委譲されます。特にこれまでディスエンパワーメントされてきた人々にキャパシテーション（capacitation）が与えられ、力の貧困状態からの脱出が可能となるので、彼らは一人前の「自省人」にもなれることになります。また、ネットワークでは認知的・道具的合理性ではなく、「関係的合理性」が第一義的に意味があるとされるので、ネットワークを理解するためには、脱所与的、脱中心的、ノマド的、ホロン的、関係的合理性というパースペクティブが必要であるとして、このような一連のパースペクティブを一括して「複雑性のパースペクティブ」と名付けています。

　リプナック（J. Lipnack）とスタンプス（J. Stamps）によるとネットワークには目に見える五つの構造があるということです[115]。ネットワークはホロン（holon）構造を持ち、独立した全体（自律的な参加者）であると同時に相互に依存し合う部分としても機能するユニットからなります。したがって、ここでは、あらゆるレベルが重要であり、メンバーは全て同等であります。すなわち、ネットワークにおいては権限と責任が分散されているのです。その結果、ネットワークでは多くの見方、多くの観点から目標や手段を見つめることができ、複眼的であるということができます。そしてネットワークには局面に応じて多数の指導者が存在します。ネットワークではメンバー間の様々なリンクがあり、相互関連、友人関係、信頼及び価値関係などの様々な関係のパ

ターンが錯綜し、それが動態的に展開します。そして、内部と外部との境界もはっきりしません。ネットワーカーはある時にはノードとしての役割を果たし、またある時にはリンクとしての役割を果たします。個人とグループがどちらも重要であるので、個人の価値と集団の目的との統合は対話や納得の上にオーバーラップしていき、成立します。ネットワークはメンバーたちが価値観を共有することによってがっちりと結ばれるのです[116]。リプナック等のこれらの主張は、ヒエラルキー組織との区分があいまいであるとの指摘もありますが[117]、しかし、今日的な組織の課題を求めるにあたって十分な示唆を与えてくれるものと考えます。

朴は「ネットワーク組織論」でヒエラルキー組織と比較してネットワークを特徴付ける性格を、主として人々のつながりに焦点をあて、以下のように主張しています。すなわち、ネットワークとなるために欠けてはならない中枢性格として自律性、目的・価値の共有、分権性をあげ、ネットワーク組織の性格を際立たせようと試みています[118]。ここでは自律性とは、自主的ユニットの自律的なつながりであるのか否かに求められ、自律的に行動することは、プログラム化された行動パターンでなく、一瞬一瞬をより意識的に気付きながら、全ての行動の意味を吟味することであるとされます。これは、エルジン（D Elgin）が言うところの「自省意識」(self-reflective conscious) による行為と同様のものを意味しています[119]。

また、ネットワークではメンバーは主体性と自省意識を持っているので、ネットワーク組織では多様な価値や個性を尊重し、常に変更可能なプロセスを重視します[120]。その結果、ネットワークでは多くの見解と観点があり得ることになります。このためネットワーク組織では、ダイナミックな関係が形成される一方、意見の対立や葛藤も起こりうるのです。これが組織の活動力をそぎ、ビジネスに対する力の結束にマイナスに働くと言われることもあります。しかし、ネットワークではこのように異なった意見などが生じると、それを取り除くより、むしろ、有用に活かす方法を探すのです。その

異なった意見などは組織発展や創造性の発揮に活かされ、自己組織化される原動力になるのです。

　また、ネットワークの中枢性格として、目的・価値の共有・共感を上げることができます。すなわち、ネットワーク組織は一定の目的・価値を共有、あるいは共感する自主的な人々が自律的にコミットメントしてなしている協働システムであるということです。それゆえネットワーク組織とは、そのメンバーの誰でもが共有しているビジョンや目的を達成するために企画し、協力し合いながら実行し合う「協創組織」であるといえ、ネットワークでは目的や価値の共有が構成員の行動に一つのコンテクストを形成し、これを媒介にして自律的な調整が行われることになります。したがって、ネットワーク組織では、積極的にフォーマルな統制・調整機構が持たれることがなくても、無秩序に陥らず一定の方向性を持って進むことができるのです。その上、ネットワークの中での目的は固定的なものではないので、状況の変化に従って柔軟にそれを再定義し、修正していくこともできます。

　他方、ネットワークの分権性は、集権的であるヒエラルキー構造の対極に位置し、水平的な構造をもち、分権化を目指すシステムであります。そのように、ネットワークは分権的なシステムであるので　構成員の誰でもリーダーになれるし、同時に多数のリーダーが存在することも可能です。そして、リーダーは固定的ではなく、状況と問題によって、その局面で能力がある人がリーダーになれるのです。また、これは構成員の皆がネットワーク全体に対して責任を負うことを意味します。ネットワークでのリーダーは上司でもマネージャーでもなく、コーディネーター（coordinators）であり、ファシリテーター（facilitators）なのです。それゆえ、ネットワークでは支配・服従関係でなく、ピア・ツー・ピア関係あるいはパートナーシップ関係がなされているのです[121]。

　フロム（Erich Fromm）やマルセル（Gabiriel Marcel）の言葉を借りると、産業社会が物質的価値観を重んじてきた所有価値の時代であるとすれば、脱産業

化社会は脱物質的価値観がより重んじられる存在価値の時代です。私は所有価値の時代から存在価値の時代へ移行するに従って、組織のパターンもヒエラルキー組織からネットワーク組織へ序々に変化するということが言えるのではないかと考えています[122]。

今日の社会では「複雑さを『複雑さ』として受け止める経営」[123] が必要であるということはすでに述べてきました。従来の企業組織は複雑さを縮減し、課題を要素に分解する事により規模の拡大を実現し、規模の利益を獲得してきましたが、これからは、システムそのものはできるだけ簡潔にしながら、各構成単位においてはその複雑さをそのまま引き受けて、自律的に分散処理する事が重視されるようになっていきます。経営を企業内部だけで議論したり、企業を経済の世界だけで考える発想は、静的安定と均衡を志向する要素還元主義の発想です。その発想では、経営を進化させればさせるほど、異質性や多様性は失われ、企業の動きは阻害され、いわゆる大企業病におちいってしまいます。

複雑な社会で成長発展を遂げていく企業は、この様な静的安定ではなく動的安定を目指さなければならないのです。すなわち変化し続ける環境に常にマッチしていくためには常に自らを変化させる動的安定が要求されるのです。企業が生き残りを目指すならば、変化を創出する経営を生み出す自律分散型の組織を構築しなければなりません[124]。そのような流れの先端にあって、理論的にも実践的にもスポットが当てられてきたのがこのネットワーク組織であるということができると考えています。

どんなに革新的な組織でも、当然ながら、組織図をトップダウンで指示し、その有様を互いに理解しさえすれば成功するというものではありません。ネットワーク組織といえども、意識しなければ硬直的な組織になってしまう危険性をはらんでいます。やはりその組織を生き生きと活動させ続けるための要件を充たすことが必要なのです。また、ネットワーク組織であっても、人間が集まって活動する組織ですから、人間の本来持っている変化に対する

自己保身の心理が働くことは大いに可能性のあることであり、ほっておくとヒエラルキー化する危険性があると考えられます。このようなプレッシャーから開放し、ヒエラルキー化の傾向を防ぎ、創造的なネットワークとなり、より生き生きとしたものとなるためには、ネットワークのオープン性の維持、メンバーの重複性の奨励、余裕・冗長性の許容などの方策を講ずる必要があります[125]。

　ネットワーク組織は、形式ではなくその内容に意義を見出すものですから、静態的な意味でのネットワーク組織という形態だけでなく、動態的な面でも有意義な組織であるため、常にクリエイティブな活動がなされている状況が確保されていなければなりません。このような意味での、創造的ネットワークとなるためには、オープン・システムになっていなければならないと考えられます。内部で平衡し硬直化してしまわない条件とは、外界から絶えずエネルギーや物質を取り込みつつ、それを別の形に変えて放出することによってダイナミックに安定性を保つ「非平衡開放システム」(nonequilibrium open system) になることです。非平衡開放システムにおいては、ルールで縛り付けられていない創造的カオス (chaos) の中から、自己組織化の動きが生じ、このプロセスから、秩序と組織が自発的に生じてくるのです。すなわち、ネットワークの形をとっていても、閉鎖システムであれば、どうしてもおのずと硬直化していくので、ネットワークが生き生きとして活気に満ちたものであるためには、誰もがいつでも参加したり、脱退したりすることができるオープン・システムであることが望ましいのです。ネットワークが追求している目的や価値に共感する人なら誰でも自由に参加できなければなりません。その逆に、組織の目的や価値に共感できなくなったり、合意できなくなったりすれば、そのメンバーはそのネットワークから自由に離脱し、自分で新しいネットワークを形成するかあるいは自分が共感する他のネットワークに、メンバーとして参加することができなければなりません。

　また、ネットワークが硬直化していくのを防ぐためには、メンバーがいろ

いろなネットワークに重複して参加することも望ましいこととなります。構成メンバーが複数のネットワークに属することができるならば、あるときにはノードとして、あるときにはリンクとしての役目を柔軟に行うことができ、その結果、各メンバーの能力を多面的に開発させ、発揮させることもできるのです[126]。その上、ひとつのネットワークだけに参加し続けるという固定的な関係は、メンバーの自主性や自律性を損なう恐れがありますが、複数のネットワークに参加することは、メンバーに独自性や自律性を保たせ、自省的能力を発揮させます。メンバーが入れ替わったり、重複したりすることができるならば、ネットワークは絶えず新しく生まれ変わるし、メンバー自身も絶えず自分を吟味し、省み、反省するので、絶えず新しく生まれ変わることができます。激変し続ける環境の変化に柔軟に即応し、同時にメンバーの多様な個性や多様な価値実現の欲求を満たすためには、異なる意見を尊重し、多様な感受性を受け入れ、複数の代替的戦略を持てることが重要なのです。

　表3にヒエラルキー組織とネットワークの性格を対比していますが、ヒエラルキー組織は、トップによるマネジメントが有効に働く組織として構築されているので、一つの基準と政策を採用する傾向があるのに対して、ネットワークでは目標とか手段について多くの見方に寛容であるか、それが推奨される傾向があります。つまり、多くの見方、多くの観点から、目標や手段を見つめるように薦められるのです。すなわち複眼を持つのです。これは、環境の変化と市場の変化の加速度的な、また多様化する一方の変化に対応するための、組織面の存続をかけた変化であると考えられます。その意味では戦略や管理面での変化ではなく、もっと根底からの変動であると言えます。しかし、それであっても、このような提唱による組織のあり方についての理解が表層的で、今までの流れの延長線上にある組織の組立ての問題として採用され、上部や外部で決められた方針や意思によって他律的に決められるならば、ネットワークであっても硬直化してしまいます。その面からも、戦略的ネットワークとなるためには組織の余裕、すなわち冗長性が活性化につな

表3　ネットワークの諸性格

区分	ヒエラルキー組織	ネットワーク
中枢性格	他律的 与えられた目的 集権性	自律的 目的・価値の共有・共感 分権性
周辺性格	クローズド/オープン性 メンバーの固定性 効率性	オープン性 メンバーの重複性 余裕・冗長性

出所　朴容寛『ネットワーク組織論』ミネルヴァ書房2003年 P19　表1-3

がると考えられるのです。

第3節　現代社会におけるマネジメント

「複雑系」「適応」「オープンシステム」「生態系」「共進化」等々大量生産時代の「科学的」な、機械論的パラダイムから生命論的なパラダイムへと、思考が移行しつつあることを見てきました。このようなパラダイムシフトの中、企業活動においてはどのようなマネジメントが求められるのか、あるいはどのようなマネジメントが可能となるのか、について考えてみたいと思います。

企業からみて対内的な側面では、個の知恵を全体の知恵に生かす、K（ナレッジ）－マネジメントがまずポイントとなるのではないでしょうか[127]。ドラッカー（Peter F Drucker）はすでに1990年代の初めに「ポスト資本主義社会」のなかで資本主義の終焉と、来るべき21世紀の組織と人間について、知識が中心の社会が到来すると予告しました。また、彼は今後、企業においても組織は「知識を基盤としたものとなり、組織もほとんどが専門家たちで構成されるから……（中略）……未来の組織は、私が情報化組織と呼ぶものになるだろう」と言っています。そして、このように情報が重要な要素と

なってくるに従って、組織も水平構造になり、知識は外部と接する最下層に蓄積することになる、と主張するのです。その結果、情報化組織においては、仕事の仕方も変化し、仕事の大半は、タスクフォース・チームで遂行されるとも言っています[128]。その延長線上にあるべき最終段階の組織はどのようになるかわからないと言いながら、より多くの自己規律が要求され、関係作りとコミュニケーションに関して、個人の責任がより必要になるということははっきりしている、と述べています[129]。ドラッカーの言うように、情報化組織を実際に構築する仕事は、今後の我々に残された仕事であり、課題であり、未来における経営が挑戦すべきものであるのでしょう[130]。

すでに我々は情報革命と言われる環境の中に放り込まれています。そこでは過去には見られなかった数々の変化があり、その中で我々は生活様式や考え方を根本的に変革しなければならなくなっています。ドラッカーが指摘するまでもなく知識が新しい資源として重要なポジションを担ってきていることは疑いようがありません。今までは環境の変化や情報の伝達のスピードが緩慢であったので今ほど意識する必要がなかった知識の管理が、ここにきて脚光を浴びるに至っているのも、情報化社会になったための一つの現象であると言えましょう。

野中[131]はこの「不確実性の存在のみが確実にわかっている経済下において、永続的な競争優位の源泉の一つとして、企業が信ずべきものは『知識』である」[132]と主張します。すなわち、複雑性を増し加速度的に激変し続ける市場や技術の中に存在する企業が成功するためには、新たな知識を常に創造し続け、それを組織全体に浸透させ、スピード感のある経営をしなければならないということです。野中のいう「知識創造企業（ナレッジ・クリエイティング・カンパニー）」です。知識を創造し続けることが、すなわちイノベーションを絶えず生み出しているということになります。この野中の主張には、既存の経営学の考え方との違いが見られます。すなわち、これまでの経営学[133]では、「科学的管理」論のテイラーから「限定合理性」論のサイモン

にいたるまで、企業はいかに効率的に生産し利益を生み出すかが命題となっていましたから、情報についての扱いにおいても、その情報を上手く処理して効率よく運営していくためには組織はどのようにあるべきか、が論じられていました。このような観点に立脚すれば、知識についても、企業内において形式的に体系立てて有効に使用すべきものとなり、定量的なデータであったり、規則的なシステムとして使用されるような存在と認識されます。その結果、知識の価値評価も効率性やコスト、利益率など定量的なものとなります。

しかし、知識がこのような限定的な枠のなかだけで捉えられるものでないことは経験的にも自明であり、成功している企業を観察すると、顧客への迅速な対応とかブランド構築といったような、単なる効率性との関係だけでは理解できない企業価値があります。無形資産などと呼ばれその価値評価などにおいて近年注目されてきている価値です。野中はこのような定量的には計測できない企業価値の源泉に知識と知識創造のマネジメントがあるという考え方に立脚して理論を展開していると言えましょう。

すなわち「新たな知識創造とは単なる情報処理の問題ではない、という認識がある。むしろ知識創造は暗黙的で、しばしば高度かつ主観的な洞察や直感、従業員一人一人の発見をいかに引き出せるか、そして企業全体としてそれらの直感をいかに検証し、利用できるかにかかっている」[134]と主張しているのです。そして、さらに「企業は機械でなく有機体である」として、企業も「一人の人間のごとく、企業はそのアイデンティティや基本となる目的について、集団として共通感覚を持つことができる。これは組織の自己知識といってよい。」[135]と述べています。つまり、従業員全員が自社の存在理由や目標、理念について、またどのようにしてそれを実現しようとしているのかなどについて理解を共有し得ると考え、イノベーションとは、このような独自のビジョンや理念に基づいて行われる企業の再創造と考えるのです。

知識創造とは、まさにこのようなイノベーションに結びつけるマネジメン

トの成果でなければならないのです。ここでは、知識創造とは必ずしも新製品開発のR&Dや新市場を開拓するためのマーケティング、あるいはそれのための戦略や戦術の立案といったものだけに限らず、企業の全活動にまで広がる組織としての動き方や存在そのものに関わるものとして扱われます。したがって、ここでの従業員は単なる生産資源としての労働者ではなく、知識を創造する知識労働者でありアントレプレナーであると位置付けられます。この考え方に立てば、知識は必ず個人から生み出されます。この個人で生み出された新しい知識を第三者でも利用できるようにすることが、知識創造マネジメントの核となります。

　野中はこの個人で生み出された暗黙知が、職人が親方を模倣しながら修行するようなやり方で、他者が直接的に共有していくところから始め[136]、この暗黙知を形式知（explicit knowledge）に変換して[137]第三者と共有できる形にし、この形式知となった知識を組織全体の知識へと「連結化（combination）」していき、最終的にこの組織全体に共有されるに至った知識がまた従業員個人において「内面化（internalization）」させるという知識創造のスパイラル的循環をもって知識創造の基本的プロセスとしています。知識を管理対象とし、効率的に利用する定量的なデータや明示できる情報に限定しないで、暗黙知のレベルからスタートし、それの組織全体への共有化につなげ、共有化された全体知がまた個人に内包されて次の循環につながっていくプロセスの中で捉え、このような視点から知識戦略マネジメントを促進することこそ、成長発展のための重要な課題であるとしているのです。

　このこと一つを見ても、情報化によって情報が多様な形のまま流通するようになったことから生じてきた現象があることを示しており、多様な現場の知識をそのまま生かす必要が生じさせたものであると言うことができます。ここでは、暗黙知は単なる熟練やノウハウではなくメンタル・モデルや信念まで内包しているというように考えられています。したがって、この知識創造スパイラルは「わが社はいかにあるべきか」「社会に対する存在意義はど

こにあるのか」といった個人のビジョンを表出させるプロセスそのものでもあり、企業内の個々の従業員が知識を創造することによって、従業員自身、企業、社会を再構築して行くことにつながります。

　このように知識を捉え、知識創造を促進するマネジメントは、昨今のネットワーク社会におけるマネジメントとして重要となります。市場とのリアルタイムの対話を通じて戦略を共創していくスタイルの戦略立案とマネジメントが強く求められる今日、企業と市場との接点に位置する個人が得る直感や印象といったものをいかにスピーディに取り入れ明日につなげるかは企業の浮沈につながりますから、個人で生じた知識を取り込むことの重要性は以前とは比較にならないくらい高まってきているからです。しかし、この個人で生じる暗黙知はそのままだと経験や熟練、勘といった形で個人の中にとどまってしまい、なかなか組織全体に広がっていきません。また、従来の徒弟制度などに見られるような一緒に仕事をするなかで自然に伝播していく、といったやり方ではスピードに乏し過ぎます。ここに、野中がいう知識創造マネジメントの重要性があるのです。流行語になった感すらあるナレッジ・マネジメントとは本来このような知識創造と知識伝播に主眼を置いたマネジメントでなければならないのです。

　ナレッジ・マネジメントと言いながら、情報技術を使ってノウハウを溜め込み、それを利用できる仕組みをつくることで満足するような現象が見られます。またナレッジが大切と言いながら定量的に測定し評価できなかったら、成果がなかったと切り捨ててしまう風潮も残っています。これらの根底にあるのは、いまだに効率重視の大量生産時代の価値観でありましょう。これからのマネジメントはまずそれら古い価値観を捨て、知識や情報の真の価値を理解し、それに対する取組みは従来のやり方では困難なことを学ぶことから始まります。

　このように考えてくると、知識創造で求められるマネジメントの基本は情報の冗長性（redundancy）をいかに育て保つかになります。これは企業情報、

事業活動、経営責任などを意識して重複させることを意味します。この冗長性を持つ組織を創ることは、すなわち議論やコミュニケーションが頻繁に促進される組織を創ることであり、それによって従業員間に共鳴が生じやすい基盤ができます。そこでは、知識の、特に暗黙知の移転が容易になりますから、知識創造マネジメントのためには非常に重要な基盤整備となります。いろいろな企業で、例えば異なる機能を持つ部門からの人材を参加させて製品開発プロジェクトを発足させたり、一つのプロジェクトに対して複数のグループに競争させ議論させるなどが実践されていますが、これらは冗長性を意識した組織作りの一つであり、知識創造マネジメントの一つです。また、この観点に立てば、人材育成のためにあらゆる部門を経験できるように配置転換していく、かつての日本企業のやり方も理解できます。このようにして、情報の冗長性を生み出し、企業内での情報の偏りが起こることを防ぐならば、組織における構成員の相互作用が起こしやすくなり、その結果、新たな知識を様々に解釈して創造しようとする探求行動につながるのです。

　日本を代表する企業の一つである花王は、徹底的な情報化による物流面での改善で有名ですが、日経情報ストラテジー[138]の紙上インタビューでその当時の社長後藤は「複雑な問題を解決していくにはどうしたらよいでしょうか」との質問に「大所高所の問題点は私たち経営陣が把握しなくてはいけませんが、現実に起こっている問題を分かっているのは、やはり現場の社員です。だから彼らに現場の問題点を積極的に出し合ってもらいたい。(中略)とにかく問題点を出し合って議論しないと、問題が水面下に隠れていたり対処療法だけでやることになって、本質的な治療ができないわけです」と答えています。花王のインフラ整備が単なる情報網の整備でなく、現場にいる社員の情報の重要性とそこからの問題解決のための情報インフラの整備であることを、この一言が如実に物語っています。まさに「人間系を考慮しないシステムはただの箱」[139]なのです。

　このようにたどってくると、市場を始めとする企業を取り巻くあらゆる

人々とリアルタイムに対話をしながら刻々と戦略を修正するといった、まさに走りながら戦略をたて、戦略を立てながら走るような動きを要求されている現代の企業においては、現場の知識をスピーディに取り込み全体の知識とし、新たな知識を創造しフィードバックして行くという、この知識創造マネジメントが重要であることが理解できます。これからの企業のとるべきマネジメントや戦略は環境の激変に即応してスピーディに展開して行かねばならないことは明らかです。そのために市場とのリアルタイムの対話によって戦略を共創して行くことが求められるのですが、この活動と知識創造マネジメントはオーバーラップするものです。ここで経営者が果たすべきは、目的をもって自律的に活動する組織を作り上げ、常に創造的カオスのある状態を保つよう、上手く刺激を与え続ける仕組みを作り、それに方向性や理念を与えることとなります。

　数々の企業がきわめて普遍的かつ抽象的に定義した高次元のコンセプトを打ち上げています。たとえばシャープの「オプト・エレクトロニクス」であり、NECの「C&C（コンピュータ&コミュニケーション）」であり、花王の「界面（活性）化学」です。経営者の役割はこのように自社の活動やビジネスを、一貫してつなげ導く共通要素をメタファーやシンボルなどを駆使してコンセプトとして提出し、従業員が自分達の仕事は「何であるか」が理解できるようにすることです。それは自社の理念やアイデンティティも包括し、これによって全社の活動に方向性を与えます。そして、その活動をより活性化するための仕組みである「場」の提供をするのです。

　本書では、そのように、組織内部に向けては企業と外部との境界線上で活動する従業員の中で生み出される新しい知識を全社に広げ成長させていくマネジメントと、それを育む「場」としての企業組織を考えていくことになるのですが、一方、外部に向けてはどのようなマネジメントになるのでしょうか。これについては、関連性におけるマネジメントが重要になると考えられます。

情報技術の高度化によって、今日の市場は混沌とし、数式をもって分析して計画をし、管理統制ができるような単純な市場ではなくなりました。世界的な大企業であっても無名の新興企業と顧客獲得の競争をしなければなりませんし、何より顧客が製品について、かつてない豊富な情報をもち、より多くの選択肢の中から製品を選ぶようになってきているからです。その上、顧客の買い物の仕方や決済の方法も多様化しています。従来なら実際に店舗に足を運んで購入していたものが、通信販売の利用やテレビなどのホームショッピングに広がり、最近はインターネット上で作動するバーチャルストアを利用することも日常になってきています。

　顧客は増え続ける様々なチャンネルを通じてありとあらゆる情報が得られるようになってきていますから、従来のように、企業名や商品名といったものが、製品の品質を保証する働きをすることも望めなくなりつつあります。顧客がブランドに無関心になる傾向が見られるのです。このような中で市場を創造し拡大するには多大の努力と時間がかかることは一般に想像されるところです。しかし反面、今日の情報技術を利用することによって、顧客とのリアルタイムの対話が可能になったので、企業は技術やノウハウを伴った対話を顧客と直接交じわすことによって、顧客と強力な関係を構築することができるようにもなってきています。マーケティングの手法や製品開発の方法を変えていかねばならないということです。新製品の開発段階における担当者と顧客の相互交流から得られる情報により、新製品が市場に受け入れられる可能性は大きくなり、同時にそれら顧客情報を与えてくれる人々はその製品の潜在顧客にもなります。従来はこのような関係はいわゆるモニターと呼ばれるような一部の顧客との間で構築するにとどまっていましたが、情報技術を駆使することによって、多くの人々と対話ができるようになったので、新製品が市場に受け入れられる時間を短縮することが可能になり、同時に失敗のリスクも大幅に軽減することができるようになります。

　デファクト・スタンダード戦略の成功要因として挙げられる要件にも見ら

れることですが、市場で成功を収めるのは、新製品を開発・製造し市場に投入し、そこそこのシェアを獲得するまでの時間をどれだけ短縮するかにかかっています。この市場参入からシェアを獲得するにいたる最初のポイントは市場投入時間の短縮ではありません。市場では様々な製品情報を入手でき、多様な方法で購入することを知った「賢い顧客」を相手にせざるを得ないのですから、それら顧客にいかに早く新製品を認知してもらえるか、という認知に至る時間の短縮が命題になってくるのです。迅速に顧客を獲得できない製品は既存の「売れている製品」にはかなわないからです。この認知時間の短縮のためにもマーケティングと開発・製造プロセスに潜在顧客を巻き込むことは非常に有効な戦略となり得るのです。

　また、顧客と企業との対話は開発やマーケティングの場面だけに限りません。製品の仕様や製品に対する顧客の経験やアフターサービスに対する希望なども重要な要素になります。したがって、企業は常に顧客だけではなく、サプライヤーやディーラーやその他企業を取り巻く様々な人々との対話も必要となってきています。この様な理由で、企業を取り巻く人々との対話を効果的に行うための情報技術が、企業内の設計プロセスや生産管理プロセスをコントロールしているシステムや販売管理、競合情報入手のシステムなどと統合されていなければなりません。それによって、企業は顧客や市場とリアルタイムで対話することができ、様々な知識やサービスを製品に埋め込むことができるようになります[140]。

　このような動きと同調するように、最近、コラボレーション（協働）という言葉が目に付きます。どちらかというと顧客との対話が企業対個人であったのに対して、これは企業対企業での対話ということができますが、これも環境の変化とパラダイムシフトの中、経営者達の思考もシフトし出しているということの一つの現れでしょう。しかし、現実には言葉が用いられているほどは、その本質やルールが明確になっていないように思われます。このコラボレーションを単なる合言葉に終わらせるのではなく、実効あるものにす

るためにはどのようなルールに従えばよいのでしょうか。

　コラボレーションとは別の言い方をすれば、自律的な個々の活動が、影響し合い相乗効果を生むような関係を指していると考えられます。この相乗効果（シナジー）をいかに上手く作り出すかが、コラボレーションの実行でしょうし、これがいまや企業戦略の最重要課題となっていると言っても過言ではありません。しかし現実に相乗効果を実現しようとして多くの企業が失敗しています。たとえば、ロイヤル・ダッチ・シェルは、ヨーロッパ全体を視野にクレジットカード事業を立ち上げようとしましたが暗礁に乗り上げましたし、ユナイテッド航空は、ホテル、エアラインなど相互に関連する事業から相乗効果を得ようとアレギスというプロジェクトを開始しましたが上手く行かなかったと言われています。しかし、一方で相乗効果を創造できた企業がないわけではありません。ディズニーなどは相乗効果を創造し、コラボレーションを実現している代表的な企業でしょう。この違いはどこにあるのでしょうか。戦略論や組織論を専門とするスタンフォード大学教授アイゼンハート（Kathleen M Eisenhardt）と INSEAD 准教授ゴルニック（D. Charles Gaulunic）はハーバード・ビジネス・レビュー[141]に寄せた一文のなかで次のように解説しています。すなわち、あらゆるレベルのコラボレーションを頻繁に見直し、コラボレーションの相手を変えることで、しかるべき成果が期待できなくなった関係をいったん解消し、新たな関係にかけるということを繰り返している企業はコラボレーションに成功している、というのです。

　生物学では複数の種が互いに影響し合いながら進化を遂げることを「共進化」と言いますが、企業においても影響し合う相手を見付けながら、互いに影響し合い進化する「共進化」（coevolution）が見られるというのです。生物界の種も共進化することで、時の経過と共に変化する環境に適応してきたと考えられていますが、企業もそのように共進化することによって環境変化に適応して成長するとイメージされています。その観察と分析によると、共進化を実践している経営者は「スピードを失わないようにコラボレーションの

相手の数を一定以下に抑える」「効率を高めるために多くのコラボレーションの相手を確保する」という二つのニーズをバランスさせている、ということです。

したがって経営者は従来のようにトップダウンでコラボレーションを進めようとするのではなく、またコントロールや計画も実施せず、大まかな方針だけ決めてあとはそれぞれのユニットや事業部に自由にコラボレーションさせたり競争するに任せるマネジメントになっています。今日では市場の変化が激しいため、それぞれ市場と対峙する事業規模は小さくしておかないと小回りがきかないけれども、競争は年々厳しくなっているので、他のユニットや事業部と力を合わせ学習していくことも同時に要求されているのです。それゆえ、共進化を効果的に推進し相乗効果を高めることはとりわけ重要になるのです。特に今日の経済をリードしている知識集約型の企業にとっては、学習成果の共有とそれぞれの成果の相乗効果は大きな意味を持ちます。

これまでコラボレーションという名のもとに実行されてきた事例には、ブランドのような無形資産をはじめとする資産の共有や、開発力や研究成果を共有するなどが見られますが、このようなパターンは一度確立されると固定的になり、頻繁に見直されたり相手を変えていくということはあまり見られません。しかしこれでは共進化は難しいのです。共進化を実践しているということは、コラボレーションをしばしば見直し、臨機応変に組み直して予想した相乗効果を得ているということです。

一般にコラボレーションの相手を変えようと考える動機は市場をはじめとする環境の変化と、組織内の変化にあると考えられます。市場の変化は当然に新商品や新市場の開発や進出の圧力となり、組織内での人や部門の専門性や価値の創出は、それによって差別化することによって成長させようという動きにつながるからです。単なる部門間の共同作業のような従来型のコラボレーションを念頭においていると、「仲良く」「協力して」成果を出そうとするので、競争は避けチームワークよく効率的に目的を達成しようとすること

になります。これも意味のないことではありませんが、しかし、これからの企業においては効率的目標達成が目的ではなく、いかに俊敏に柔軟に変化に対応して創造活動をして行くかが目的になるのですから、協調と競争は上手くバランスがとられなければなりません。あえて競争をあおることも、競争を禁止することもせず、それも現場の活動に任せる方法がとられるのです。市場でも企業内でも敵・見方の区別はあいまいになり、長期的な変化は誰も予測できず、固定的な長期計画は不可能となるからです。

　常に企業内外の環境やスキルの変化を見ながら臨機応変に対応するためには、個々の「知」と活動がその時々の状況に応じて、いかに上手く組み合わされるかがカギとなるので、トップダウンの指示や命令は固定的になりやすく、かえって柔軟な動きを阻害します。市場の変化が激しい時は、コントロールよりも柔軟性の方が重要であるからです。市場の変化がダイナミックになりスピード化してきている時に変化に適応しようとすれば、コラボレーションの相手を広げすぎず、しかし相乗効果のチャンスを取り込めるように相手の数のバランスが重要となります。市場が変化を繰り返している時、トップが全てのコラボレーションを取り仕切ることは不可能でしょう。そこで現場のユニットを直接コントロールするのでなく、それはユニットのリーダーに任せておいて、将来性のある大きな前進につながりそうなコラボレーションとそうでないものを見分け、そうでないと見極めたユニットは勇気をだして解消することこそトップの仕事となるのです。

　企業を取り巻く環境の変化に即応できる組織というのは、このような経営をすることによって、コミュニケーションを活発に行い、会社だけでなく従業員自身のためにもなるよりよい仕事の目的や方法を絶えず創出しなければなりません。すなわちネットワーク組織の性格を備えることが要求されるのです。そこには、活発なコミュニケーションと風通しのよい企業文化があります。そしてこのコミュニケーションの場はリアル組織だけでなく、情報技術に支えられたバーチャル組織でも提供されるのです[142]。

ところで、企業の活動には、大きく分けてすでに商品化された事業に関するものと、新規の事業を創造し市場に送り出す活動の二つがあります。すでに商品化された事業の分野では、広い地域に均質な製品やサービスを効率的に提供するために、業務上のルール・手続・マニュアルなども重要な役割を持ちます。その結果、組織は標準化された規則によって動くことになるので、官僚的な階層による統制がある局面では取り入れられ、環境変化が比較的安定的で連続的であると想定できる短期的かつ地域的な局面では、階層性のある従来型組織に近い形でリアル組織が構築され、効率性が追求されることもあるでしょうし、それに意義もあると考えます。しかし、そのような場であっても、変化に小刻みに対応し続ける必要があるので、過去のような長期的、固定的なトップダウンの枠ぐみでの運営であってはなりません。ましてや、新しい商品開発、企画等の分野については、この従来型の階層性のあるリアル組織では有効に働きません。また今日では環境がますます不連続になっていくので、従来型組織を根底にもつ製造現場であっても、何らかの方法で既存の階層型組織を変革し、「知」を共有し、コミュニケーションを通じて新しい「知」を創造することが求められます。従来は情報を持つことで他との差別化が図られましたが、現在のようにあらゆる情報が瞬時に世界中に伝わる時代には情報を持つだけでは差別化は計れません。市場の変化を敏感に感じ取り、俊敏な対応をするために、多用な情報の受発信、情報伝達のスピード、情報の新鮮さなどを確保することはもとより、市場、たとえば先進ユーザー、提携会社、業界専門家、マスコミ等とのコミュニケーションから「オープンな知」が普遍的に求められなければならないのです。

　ネットワーク組織では、仕事は何をするかであって、どこでするのかではないのですから、必ずしもリアル組織に限定されるものではなくバーチャル組織であっても不都合はありません。電子空間上でコミュニケーションするメンバーは、自律主体として相互に連携し、活動を自主展開します。それを考えると、バーチャルな仕組みを根底に持ったとしても、「この情報は部長

まで」とか「上司を通じて正式の情報を出す」といった、階層組織をその軸に沿って延長した情報網を創っただけでは、ネットワーク組織にはなりません[143]。ネットワーク組織は既存の組織とは異なる次元の方向に形成されるのです。

　ネットワーク社会では、情報は質・量・スピードがともに加速度的に増大し、マルチ方向にハイスピードで飛び交うので、社会は常に変化し続け、そのため不安定で予測不可能な複雑系社会が出現し、その結果として、企業経営においても将来を予測し、計画を立て管理・統制するような経営手法は意味を成さなくなるということを述べてきました。そのため、このような不安定で環境が常に変化し続ける社会においては、変化の様子を頻繁にモニターして、小刻みに戦略を立てる必要があり、顧客・ニーズ・技術革新・競合関係などあらゆる変化を敏感に、高頻度でタイムラグなしに、しかも詳細にまでモニターする必要が生じています。すなわち、市場に密着した対話の中で戦略は共創されるのです。このように、市場に密着して環境に即応し続けるために情報技術が果たす役割は果てしなくあります。情報技術は単なる人手の合理化のためだけでなく、従来はできなかったことを可能にするツールとして重要性を帯びているのです。

　情報技術の発展に伴って出現したネットワーク社会によってもたらされた新しい状況の結果、企業組織においても、誰をパートナーにするか、どこで仕事をするかは制限的な問題ではなくなり、組織間の境界も崩れ、他の組織との協働も障壁が低くなりました。この延長線上に、自律的な個人やグループがネット状に連結され、個々の能力や専門性をフルに活用し、協働するネットワーク型組織が生まれます。企業経営に市場や従業員と新しい価値観を共創していくスタイルが要求されていることはすでに述べたところですが、そうであるならば、企業組織も目的を達成するために合理的・効率的に組み合わされた没人格的な管理組織ではなく、この共創を可能とする戦略的に創造されるシステムとして構築されなければなりません。

つまり、企業組織を、社会、従業員と包括した関係性の中で捉え、構築していく仕組みとして考えるのです。そこにおけるそれぞれの関係は、再帰的な相互規定関係ですから、したがって全体の活動は各従業員やそのグループを中心とする自律的個人のせめぎあいの中から創発的に実現していくことになります。ここでは、「個人が変われば企業が変わる」という言葉は比喩ではなく真実となります。組織はミッション志向となり、共創、創発が活発に起こる仕組みとして戦略的に組織が構築されなければならないのです。現実社会におけるマネジメントへの展開を考える上でもこのポイントから外れてしまうと、形ばかりの模倣になって、成果にはつながりません。数々の企業の実践で多くの失敗事例がありますが、それの原因の多くはこの点に見られます。

　重ねて述べますが、ネットワーク組織とは、自律的なエージェントがネット状につながり、相互に作用し合いながら全体としてアイデンティティを保ち続け、ひとつの方向にむけてベクトルを合わせながら活動する一つの統一体を言うのです。当然ながら、そのような組織の多くは、高度な情報技術によって時間や場所に制約されない結合が可能となり、生の情報がそのまま受発信され、ネット上での対話が可能になったから成立する組織ですが、形式ではないことは肝に命じておくべきなのです。

　ネットワーク社会においては、「個」と「個」、「個」と「全体」の間における相互の関係は双方向で、かつハイスピードになります。ですから、「社会」「企業」「従業員」の関係は多次元的な位相構造であり、再帰的構造であり、企業同士あるいは企業と市場の間をネットワークでつなぎ、リアルタイムな対話を形成し、市場の需要そのものを創造して行かなくてはならないのです。したがって、製品開発や新規事業開発も市場との対話をベースとすることになり、市場が新商品や新事業を受け入れ承認していくプロセスも同時平行でリアルタイムに進みます。現代に生きる企業には、トップからの直接的な指示命令によって統一を執る組織的活動ではなく、個がそれぞれ主体的、

自律的に活動することによって、全体が活動し、その結果環境に対してより適合性を持つとともに、環境にも働きかけるような動きを見せるといった、新しい対応が求められています。だから、このような視点から見ると、従業員と企業の関係は再帰的な相互規定関係と考えられ、だから、マネジメントにとって「個人が変われば、企業が変わる」という言葉は単なるアナロジーではない、マネジメントの重要なポイントになるのである、ということになります。全体の変革は各従業員やそのグループのせめぎあいの中から創発的に実現していくのです[144]。

また、組織と制度と戦略が複雑に絡み合ったものがマネジメントであると考えているのですが、そのマネジメントの世界の潮流は、効率追求から創造性発揮、そして効率性も創造性もという方向になってきています。現在最もクリエイティブかつイノベーティブな企業は、知識の獲得、創造、活用、蓄積という四つの側面を回し続ける企業であると言われています[145]。現代のような、複雑系の働く知識主導型の社会では、市場は不安定でかつ変化は激しくなっています。また、結果は予測不可能であるので計画による管理はできません。市場を観察することにより、未来を洞察しすばやく意思決定しなければならないのです。ですから、知識創造を促進するとは、まさに企業という「生きたシステム」の持つ創発性や自己組織化を生かすことができる、個の自発性により全体の秩序を生み出すマネジメントスタイルに他ありません。このマネジメントスタイルこそが、今必要とされているのです。

大量生産の世界での企業戦略である、コア・コンピタンスに投資すること、競争優位な価格付けをすること、コスト削減をすること、品質を向上させること等はこれからの知識主導型の社会でも重要ですが、それと同時にポジティブ・フィードバックを働かせる、すなわち収穫逓増の法則を能動的に働かせる戦略が必要となってきます。市場の需要そのものを創造していかなければならない時代になってきたからです。現在の企業は常に市場を掴み取る努力をしていること、そして同時にずば抜けたテクノロジーを手にしている

ことが求められますが、そのテクノロジーに対するポジティブ・フィードバックを起こさせるネットワークを基礎とした、ゆるやかな結合（「ウェブ」）を形成する戦略が求められています。そのような、新しい戦略を可能とするためにも、環境の変化に対して俊敏な行動をとることを可能とするためにも、企業同士あるいは企業と市場の間はネットワークでつながれ、リアルタイムな対話が形成されなければならないのです。そして、常に自らを変革し続ける自律した従業員による知識創造の促進と、企業の構成要素たる従業員やそのグループが十分自律性を発揮し、かつ影響し合える「場」の提供が課題となります。このリアルタイムで市場の「知」を取り込むには、この新しいマネジメントを可能にする「場」としてバーチャルなネットワーク組織の構築が必要かつ有効です。ネットワーク社会では、「どこで仕事をしているか」より「どのような仕事をしているか」が中心になり、「ヒト・モノ・カネ」より「知」あるいは「情報」が上位の経営資源となるので、あらゆる場所にある「知」を掘り起こし、それらの相互補完的な働きにより総和以上の成果をあげるマネジメントに重心を移行せざるを得ないからです。そして、そのことによって激変し続ける経営環境に俊敏かつ柔軟に即応し続けることができると考えるものです。

　ネットワーク組織は、その特性によりバーチャル組織の面を強く持たざるを得ないと考えます。したがって、バーチャル組織に対するマネジメントについても検討しておく必要があると考えます。

　ネットワーク社会においては、爆発的な勢いで発展しているインターネットをはじめとする新しいコミュニケーション技術を土台として、新しい人間関係が生じ始めています。それが時間・空間・企業等既存集団の枠組みを超えて活動するバーチャル集団です。企業においても「情報革命」と呼ばれるような激しい情報化の嵐に見舞われ、社会・市場との、あるいは企業内での「情報共有」(communication) が進み、人々の間では「情報共鳴」(coherence) が生じやすくなっています[146]。この嵐のなかで、企業においては既存の場

所共有型・階層型のヒエラルキー組織から脱皮し、ネットワーク社会対応の新型のネットワーク組織を構築することが急務になっています。他方、現在すでにあらゆる分野において、リアル組織だけでなく、バーチャル組織が色々な部分に取り入れられているのが現実でもあります。今日では、同じ場所でフェーストゥフェースでなければ仕事ができないということがなくなりつつあります。経済の主流が、物質的資源に依存した大量加工から、知識主導型のデザインと再生産へとシフトして来ているからです。ネットワーク社会への移行は新しいマネジメントの出現を求め、それと同時にネットワーク技術がその新しいマネジメントを可能にするのです。

　バーチャルを実存していないが仮想的に実存しているように想定するといったディスプレイの中の世界といった意味ではなく、多様なコミュニケーション技術によって可能となった新しい「場」と意味付けるなら、この様なバーチャルな「場」の出現によって、バウンダリー化やエンパワーメント化が進み、我々は時間と空間の壁を超えた新しい仕事の仕方を手に入れることができ、それにより人間がグループとして機能できる能力が大幅に広げられたと言えるでしょう。今までは「仕事をする」ということは同じ場所で顔を合わせて作業することを意味してきましたが、これが近年急激に変わってきました。「一緒に働く」のに、同じ時間に同じ場所にいる必要がなくなってきたのです。パソコンや携帯電話の爆発的な普及、インターネットやワールド・ワイド・ウエブの広がりの程度はもはや想像もつきません。これら地球規模でのコミュニケーション・ツールの発展によって我々は離れていながら一緒に仕事ができるようになったのです。

　このネットワーク社会を支えている電子メディアのコミュニケーションには同時性・非同時性の両面があり、その伝達範囲もほとんど無制限です。その情報を受発信するスピードには時間的制約も著しく少なくなっています。一般に普及しているコンピュータの能力も格段に進歩し、その増強された記憶能力は膨大な量の情報を短時間で検索し必要な情報を抽出することができ

るようになっています。その上、デジタル・メディアであれば一度保存された情報を圧縮したり分解したり再加工することも容易ですから、バーチャル組織は、単に同じ場所にいなくても一緒に仕事ができるという以上に、その能力が劇的に拡大されます。これが、ミッション志向となり、「知の創造」を大きな柱とするこれからのマネジメントに果たす役割は想像を超えた進展となって見られるでしょう。

　ところで、バーチャルであろうがリアルであろうが人々がグループを作って目標を達成しようとするとき、考慮すべき要素がいくつかあります。特にそれがバーチャル組織であった場合、リアル組織以上に注意が払われなければ成功に結びつかないと思われる点がいくつかあります。その一つは所属意識についてです。誰がそのグループに所属しているか、あるいは所属していないかによってそのグループの境界線は決まります。既存のチームやグループであれば、ある一定の場所に集まってフェーストゥフェースで仕事することが多かったので内部的にも外部的にもそれの認知は容易でしたが、バーチャル組織の場合はこれがより明確になっている必要があります。

　二つ目はコミュニケーションについてです。バーチャル組織の場合、多彩なコミュニケーション・ツールと、デジタル情報技術に支えられた非常に拡大された能力を手中に収めているわけですが、それでもなおフェーストゥフェースのコミュニケーションが不必要になったわけではありません。バーチャルな組織作りで成功した事例をみていて目に付くのは、ロビーミーティングとか、廊下会議と呼ばれるような、必ずしも一定の議題を提出して結論を出すための会議ではなく、もっと気楽で自由な、しかし顔を合わせることにより可能になる「感じ合い共感し合う」ことを目的とした取組みがみられます。より濃縮された形での、感性の伴ったコミュニケーションの重要性が増したということでしょう。その上、異なる組織に属し、異なる場所にいる人々が一緒に仕事をすることになることも多くなりますから、メンバーの言語や文化・風習が異なることも珍しくなくなります。また、国際化など環境

の複雑化に伴いタスクのレベルも高くなってきています。それでなくても多様性が増加してきているという現実を乗り越え、より高度なコミュニケーションを促進するという問題に立ち向かわねばならないのです。

このようなグループにおいては、協力して目標達成に向けて活動していくために、メンバーは相互依存関係にあり、相互補完的に活動しているということを十分に認識している必要があります。特にバーチャル組織の場合、個々人はその能力（何ができるか）によってチームに参加しているのであり、能力がグループ内での権威となります。そのためリーダーシップを持つ人はプロジェクトの局面や部分によって変わります。言い換えれば、構成員全員がリーダーシップを共有するのです。したがって既存のグループに比べて、メンバーに自律と独立性が、その運営に情報についてのオープンさや評価についての公平さがより強く求められます。

また、どのようなグループでもタスクの遂行を目的としているわけですが、特に企業におけるグループは目に見える結果を期待されています。どのような企業内グループでもゴールやタスクは明確にされていなければならないし、その進捗に応じて調整されて行かなければならないのですが、バーチャル組織におけるグループは、メンバー間のやり取りが従来の境界線を越えていることも想定しておかねばならないので、既存のグループであるとき以上に、常にコミュニケーションを取り合い、関わり合いを持ち、信頼関係を築いていくことを意識的に繰り返さなければならないことに注意を払わねばなりません。

これらバーチャル組織による活動についての注意点は、そのまま新しいマネジメントを展開し、促進するにあたってのポイントとなるものでもあると考えます。それゆえ、基本的には、規則やマニュアルは極力なくし、従業員一人一人の自律が保証されていなければならないことはもとより、「成功した方法をなぜ崩さなければならないのか」という人の持つコンサーバティブな気持ちを打ち崩す企業文化を根付かせ、新しいマネジメントや組織を受け

入れる土壌をつくることが重要となります。

　ここで述べていることはハイテク産業を思い浮かべると理解しやすいかもしれません。しかしながらネットワーク社会においては、情報の受発信がネット状に高速でなされるのですから、そのテクノロジーがいわゆるハイテクでなくても、また製造業に見られるように日々の営み自体は大量生産の法則に従うにしても、経済社会全体の構成員としての企業は収穫逓増の法則が働いている世界とまったく無関係に存在するわけにはいかないのです。

　ネットワーク効果やユーザー層からのフィードバックが有効に働いているという観点から見るとサービス業や金融業、保険業も然りであり、小売であってもフランチャイズが存在しているということは、地理的な拡大が収穫逓増の法則を誘発していると言えるでしょう。ほとんどすべてのビジネスで、単なる品質向上や技術革新だけでなく、市場が何を期待しているのか、次に起こるのはどのようなゲームなのかを知ることが重要となるのです。なぜならば、ネットワークの進化の結果、地球規模で情報が瞬時に受発信されることになったので、顧客の好みの多様化が見られ、ほとんどの産業でモノと同時にサービスを付加することが必要となり、これらサービスはソフトウエアを動かすこと、すなわち情報がベースになっているからです。したがって、市場に受け入れられるサービスを提供しようとすると、ソフトウエアやネットワークを無視できなくなり、ネットワーク効果や初期投資における第一歩の重要性が増すのです。従来においては既存のネットワークをどのように利用するかが戦略でしたが、これからはネットワークをいかにすばやく構築するか、あるいは支配するかが戦略の要になってくるということでしょう。

　これからのマネージャーは、自社の存在する市場のメカニズムが、収穫逓増のメカニズムなのか、収穫逓減のメカニズムなのかを理解しているか、自商品がそのライフサイクルのどの段階に来ているのか、卓越したテクノロジー、十分な資金力、市場を見極める能力といった、戦うための資源を自分が持っているかを常に自問し続けることになります。そしてそれと同時に、

マネジメントや組織を構築するにあたっての基盤としての視点からネットワーク社会を理解し、活用することが求められるのです。

　ネットワーク組織の現実が、その構成と成り立ちからインターネットなどによるバーチャルな世界をも含む組織として活動する場面が今後ますます多く見られるようになるでしょう。したがって、そのバーチャル組織としての面に焦点を当てるなら、この組織を活性化し意味ある活動につなげるために、所属意識を明確にし、コミュニケーションをより濃縮した形で促進することが必要となります。また、同時に、メンバーは相互依存関係にあり相互補完的に活動していることを認識し合い、リーダーシップを共有することが求められます。バーチャルな面を多く含む組織であればあるほど、このような認識がミッションの明確化などとともに、組織が本来の目的を満足させる活動をするための重要なポイントとなるのです。

106)　〔朴 03〕177 ページ
107)　〔朴 03〕281 ページ
108)　〔朴 03〕284 ページ
109)　〔朴 03〕292 ページ
110)　〔Habermas81〕邦訳（上）132〜152 ページ
111)　松田徳一郎編集　研究社リーダーズ英和辞典第 2 版　1999 年
112)　〔朴 03〕はしがき
113)　〔Lipnack Stamps86〕161〜164 ページ
114)　〔佐藤 97〕179 ページ
115)　〔Lipnack Stamps82〕邦訳 35〜41,271〜300 ページ
116)　〔朴 03〕11 ページ
117)　〔朴 03〕11〜15 ページ
118)　〔朴 03〕15 ページ
119)　〔Elgin81〕邦訳 185-208,335-345 ページ。ちなみに、エルジンは前者の行動を「埋没意識」（embedded consciousness）よる行為と呼んだ
120)　〔金子 86〕194 ページ
121)　〔朴 03〕16 ページ

122）〔朴 03〕35 ページ
123）〔佐藤 97〕184 ページ
124）〔佐藤 97〕186～188 ページ
125）〔朴 03〕17～20 ページ
126）〔朴 03〕18 ページ
127）〔HBRB00-1〕参照
128）〔ドラッカー 98〕18～19 ページ
129）〔DHB97/7〕52～63 ページ
130）〔ドラッカー 98〕参照
131）野中郁次郎　北陸先端科学技術大学院大学知識科学研究科長
132）〔HBRB00-1〕39 ページ
133）野中によると「欧米のマネジメント観」
134）〔HBRB00-1〕41 ページ
135）〔HBRB00-1〕42 ページ
136）このプロセスを「共同化」（socialized）と呼ぶ
137）これを「表出化」（externalization）と呼んでいる
138）1999 年 4 月号
139）（同記事）
140）〔DHB96/3〕4～13 ページ
141）〔DHB01/8〕44～59 ページ
142）〔高木・永戸 97〕18～19 ページ
143）〔本荘・校條 97〕54～61 ページ
144）〔佐藤 97〕196～200 ページ
145）〔野中他 97〕17～18 ページ
146）〔田坂 98-3〕127～129 ページ

第4章　組織についての提案

第1節　マルチレイヤー組織

　ここでは、現在の企業の戦略的な姿の一つとしてこのネットワーク型の組織の仮説を提案したいと思います。私はこれからの企業におけるネットワーク組織の一つの形態をマルチレイヤー組織と名付け、提案しようと思っています。マルチレイヤー組織とは、エージェントとしての従業員がレイヤーをつくり、レイヤー同士や、そのエージェントたる従業員同士が離合集散できる形で緩やかにネット状につながり、市場をはじめとする外部と対話しながら、オープンにされた情報を共有することによって、時々の目的に従って、プロジェクトを立ち上げたり、解散したり、結合したり、分離したりする面的結合を持つグループの集合をイメージしています。

　あえてマルチレイヤーと名付けた理由は、点と点を結びつけたネットワークではなく、面と面が重層的に相互に関係し合う組織のイメージを鮮明にする意図であります。一般にネットワーク組織が語られる場合、個人のようなネットワーカーがネット状につながり合う組織やシステムとして図示されることが多いように思います（図7）。

　マルチレイヤー組織はそのネットワーク組織を階層的に重ね、その階層自体が相互に関係性を持つという奥行きのある組織をイメージしています。すなわちエージェントがネットワーク組織を持つ層（レイヤー）があり、また

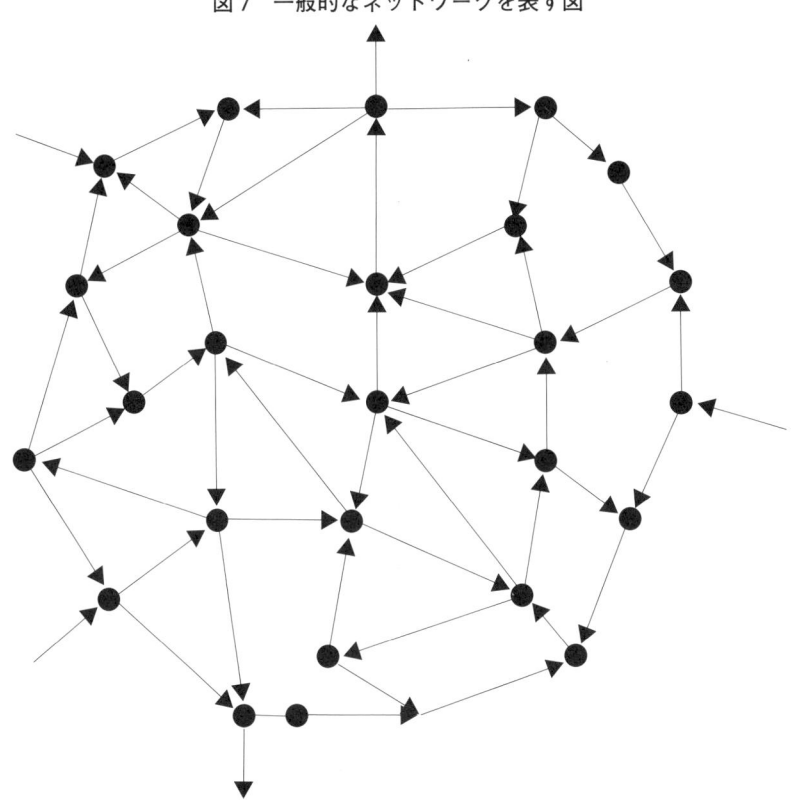

図7　一般的なネットワークを表す図

出所　前野芳子　2003年11月　作成

そのレイヤー（グループ）が一つのエージェントとなり再帰的な関係をもつネットワークを作るというように面的な重なりをも表現することをめざしています（図8）。

　コンピュータで情報検索をするとき検索キーワードによって、検出される情報のグループが変わります。このイメージを頭において、この場合のキーワードに当たるものがミッション、一つ一つの情報に当たるのがエージェントと考えてみてください。そしてミッションに当たるキーワードごとにクリッピングされる情報の集合がエージェントたる個人の集合であるレイヤー

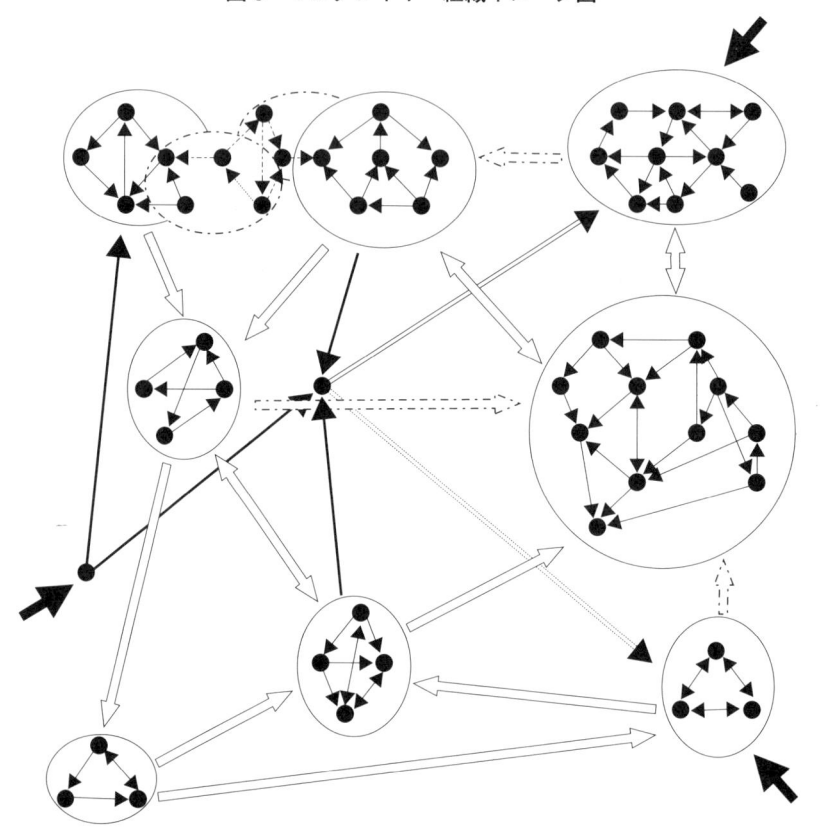

図 8　マルチレイヤー組織イメージ図

であると考えます。当然キーワードが変わるとグループ化される集合（レイヤー）の内容（組合せ）は異なります。また、一つのエージェントが複数のレイヤーに含まれることもあります。それらの関係性のなかで、「個」と「個」、「個」と「レイヤー」、「レイヤー」と「レイヤー」はそれぞれの場面で相互に影響し合い、共創が生じることになります。

　新しい情報技術を用いることは、従来の関係性や属性などに拘束されず、自分と共通の関心や興味、目的によってグループが形成され、対話を促進し、情報を交換し合い、価値を共有していくことを促進します。各ネットワーク

が他のネットワークにつながり、コミュニティを形成していくのです。ネットワーク化が進むにつれてバウンダリーレス化やエンパワーメント化も進みますので、企業組織でも、誰と仕事をするかとか、どこで仕事をするかといったことに制約されることは少なくなり、組織間の境界も薄れつつあるので、他の組織との協働も障壁が低くなります。そしてその延長線上に、自律的な個人やグループがネット状に連結され、個々の能力や専門性をフルに活用し、協働するネットワーク型組織であるマルチレイヤー組織が生まれるのです。

　このネットワーク組織の一つとしてのマルチレイヤー組織をより具体的に述べるため、一見するとマルチレイヤー組織に近い形を持つと思われる既存の組織であるプロジェクト組織やタスクフォース組織やマトリックス組織などとの違いについて考察しておくことにします。

　いずれの組織であっても基本的なところでの違いは目的合理性が支配するか関係合理性が支配するかにあります。組織構築の基本スタンスが、単なる分業の発想か、協業の発想かの違いにもよります。また、ワーカーを指示命令によって働く機械的人間と考えるか、自律した自省人と扱うかの人間観も違います。基本となる人間観が違うので、ミッションが、トップダウンで遂行されるか、市場との対話の中から創発的に見出され遂行されるかといったところにも違いが現れます。

　個別に考察しましょう。プロジェクト組織（project organization）とは、プロジェクト単位に編成された組織で、プロジェクトの企画・進行などについて、一定の予算や日程の枠内で管理責任や権限を持つ専門家組織を言います。このプロジェクト・チーム（project team）とは、プロジェクトのために結成された専門家チームのことです。同じく特定の任務や課題解決のために臨時に編成された機動部隊で少人数の専門家によって構成されるタスクフォース（task forced）と比べて、規模が多少大きく、結成期間も長く恒久的になる場合が多いところが相違点と言えるでしょう。タスクフォースが匿名的で臨時

的であるのに対し、組織内でより正式な位置付けを得る場合が多いのも特色と言えます[147]。

　それに対しマルチレイヤー組織は、各ミッションがトップダウンによる一方的なものでないというところはもちろんですが、基幹的な組織に対してオプション的な位置付けでプロジェクト・チームが編成されるか、全ての業務についてワーカーの自発的立上げでチームが編成され目的が遂行されるかに大きな違いがあります。

　マトリックス組織（matrix organization）とは、複数の次元からなる組織構造をもち、複数の命令系統を格子状に組み合わせた組織を言います。前述のプロジェクト組織は各部署を横断的に編成される組織であるため、ライン権限との関係が問題になりますが、それを解決するためにプロジェクト組織を横軸にライン組織を縦軸にとった場合や、事業部制組織と職能部門制組織を組み合わせるマトリックス組織もあります[148]。いずれにしても、これはトップからの指揮命令系統を尊重しつつ、それをどのように組み合わせるかによってプロジェクト編成などの混乱を避け組織を統合しようとした試みであり、どちらにしてもヒエラルキー組織の一つの形であることに違いはありません。各従業員が複数の職務を兼任することがある点においてはマルチレイヤー組織と類似しますが、市場との接点に位置する個々の従業員や従業員グループの知や活動を積極的に意識したものでない点が根本的に異なります。

　事業部制の分権化の弊害を改善すべく1970年代からゼネラル・エレクトリック（GE）などで導入された組織に戦略的事業単位（SBU＝strategic business unit）があります。これは表面的には事業部制のような形態をとりますが、全社的な戦略基準に基づいて組織が構築されます。表面的には事業部制組織のような形態をとりながら、全体事業のポートフォリオに関する戦略の中で、成長率とか市場占有率といった一定の基準に従ってどの事業に経営資源を投入するかが決定されるという点が異なります。複数の事業部やプロジェクト組織を戦略的に再編成したり、戦略に対応させて資金や資源を配分して有効

利用を図るところなどはマルチレイヤー組織と類似しますが、現状を分析し評価する技法がいくら複雑化し精緻化しても、個々からは新規のアイデアは出て来ず「知」は創造されません。

　一方、情報技術の進化に伴って組織階層を少なくして意思疎通をよくしようとする意図でフラット組織（flat organization）が多く見られるようになってきました。この傾向は情報技術の助けを借りて、肥大化した中間管理層を少なくして、組織をスリムにしようというものであります。この組織では階層が少なくなるので、情報がスピーディに正確に伝達されるといったメリットや、現場の生の情報がトップに伝わりやすいといった利点が考えられますが、ともするとトップに過度に情報が集中する弊害も起っています。階層の積み重ねがきわめて少ないというところはマルチレイヤー組織と類似しますが、しかしこの段階ではまだトップの意思決定に頼っているといった面で異なります。

　他の組織形態との決定的な相違点にはなっていませんが、マルチレイヤー組織ではその他①企業・国・地域などの所属に固定されないから、あらゆる関係者がメンバーになり得る、②ミッションとそれに貢献できる能力の有無で構成員が決定される、③一個人（エージェント）が複数のレイヤーに属することが日常的に可能であり、完全に専門能力によるチーム作りである、④職能・職制・所属に拘束されない、あるいはそのような区分はなされない、⑤既存の組織に比べ、スタンスがやわらかく緩やかな結合となる、言い換えれば常に流動的な状態を保っている、⑥レイヤーがレイヤーに属することも可能である、⑦レイヤーの離合集散が常に起こっている、⑧アメーバー的成長をする、などにその特徴があります。

　当然ではありますが、このマルチレイヤー組織と言えども、企業目的を実現させ、企業を成長発展させるための人々の協働組織であるという意味では従来の組織と同じ面も持ちます。しかし、この組織を構成するエージェントが自律し、自省的な個々人またはそのグループであり、それらがトップに

よって明示された企業の全体目標を実現させるために、共感し共鳴し合える同じ価値観の元に緩やかに結合し、対話し、相互に働きかけ、影響し合いながら協働するという面においては過去の組織と根本的に異なるネットワーク組織であると言えます。「個」は自省人ですから、フルオープンの情報を共有することによって「全体」における自己の意義や役割を認識し、企業全体の目標を実現するために自発的、自律的に協調して活動します。まさに情報技術が作り出したネットワーク社会で環境変化に即応して生き残るために生まれつつある組織であり、高度な情報技術の裏付けがあってこそ存在し得る組織でもあるのです。

また、マルチレイヤー組織では、バーチャルな「場」での活動が可能ですから、時間・空間に束縛されません。ミッション志向ですから、ミッション遂行にとって最も適した専門能力をもつ人がリーダーとなり、活動の局面が変化すればリーダーがチェンジすることもあり得ます。それぞれのグループのメンバーは必ずしも社内の従業員であることが絶対的な資格とはならず、活動の局面の変化に伴ない必要なメンバーが入れ替わるような流動性を持ち、そのための緩やかな結合の側面を持ちます。またその当然の帰結として、一つ一つのレイヤーには固定的に定められた活動のみをするのではなく、常に成長し続けることが求められます。したがって、ここでの新しいリーダーシップはリーダーのコンピタンシーに負うところとなり、メンバーもレイヤー自体も自律的・自省的であることが求められます。

この組織の導入はまだ限られた範囲のものであり、多くの企業で採用され一般的に認知されるには至っていませんが、社内で新企画や新しいプランを提案し、それが承認されれば、参加メンバーを募り、期限と予算を与えられて活動し、成果が達成できれば元の職場に戻っていく、という形の実験的な導入はかなりの企業で見られるところです。本書で提案するマルチレイヤー組織とは、そのような実験的な試みを企業の正式なシステムにまで昇華させようとするものであります。そのためには、ネットワーク組織やバーチャル

組織といわれる組織を可能にするITインフラの整備も必要不可欠となります。またそのレイヤーの構成は必ずしも社内の正規従業員であることに限定されてはいませんから、社外のメンバーの参加を想定したセキュリティー、成果の権利の所属、メンバーの権利・義務を規定する契約の整備などは必要となるでしょう。そのような導入にあたっての基礎的環境が整備されて、はじめて導入が可能となるのですが、活用し、成果をあげるためには、そのレイヤーの成果を公正に評価し成功に対する賞賛も含むインセンティブが与えられるシステムになっている必要があります。新規のレイヤー立上げのための「メキキ」「成果と報酬の体系」「所属メンバーの処遇」をどうするかが具体的な課題として考えられます。

第2節　マルチレイヤー組織の具体案

　マルチレイヤー組織を企業経営の実践に応用するとしたらどのようになるのか、具体的に考えてみます。

　全体として企業は取締役会と複数のレイヤー（プロジェクト）から構成されることになります。企業の理念や全体的な方針・方向性については、トップとしての取締役会において決定され明示されることになります。エージェントたる従業員は提案や事業計画を企画書と予算書といった形にして取締役会に提出し、取締役会はその採否について検討し意思決定します。ここでの取締役会の役目はいわゆる「メキキ」の役割となります。数々の提案を吟味し、全社的目的や他のレイヤーとの整合性などを検討し、その成果を予測し、採否について決定するのです。

　自分が提案したプロジェクトが採用されたなら、提案者はその提案についてメンバーを募集し実行に向けてスタートを切ります。ここで募集されるメンバーは主として社内から募集されることになりますが、プロジェクトの内容によっては社外の専門化や利害関係者などをメンバーにすることも許され

なければなりません。プロジェクトの採用が決定されるとき予算についても認められるので、プロジェクトがスタートするとその予算の枠内であればどのように配分するのかはレイヤーに任されます。したがって、メンバーへの報酬の分配の方法や金額もまったくレイヤーの自由であります。

　プロジェクトの進捗については取締役会に報告され、計画に変更のある時は審議されます。取締役会ではその状況を吟味し、進捗が納得できるものであればそのまま引き続き推進されます。プロジェクトが推進されている間は、取締役会では定期的にその進捗と成果についてチェックするだけで、基本的にはリーダーに全権が委ねられます。しかし、全社的な戦略との整合性などで隔たりが出たり、成果や将来性にかげりが見えてきたときには、それについて取締役会で議論されレイヤーの廃止や統合が検討されます。また、コンプライアンスについてのチェックは取締役会の重要な任務となります。

　ここで、既存の試みと大きく相違すると思われるのは、このプロジェクトが事業を推進する業務分野だけでなく、経理や総務といった支援業務においても同じように扱われると想定しているということであります。このような支援業務は非常に成果が評価しにくく、また革新的な提案も難しい業務であると見られがちですので、一般的にプロジェクトのような取組みになじみにくい印象があります。しかし、そのような業務に直接関係する仕事を日常の業務とする私から見ると、情報のインフラなどに深く関わり、企業の言わば神経組織に当たる働きをすることが多いだけに、むしろ積極的な提案や関与が期待される分野であると考えています。

　かたや取締役会で採用されスタートが確定したレイヤーでは、リーダーが社内外にメンバーを募集します。自分がレイヤーを提案しなかった社員は自分の能力が発揮できると思われるレイヤーに応募し、リーダーと他のメンバーの同意を得て参加します。この応募にあたっては、応募者は自分の専門性や貢献できる能力と働き方を示して、レイヤー内の他のメンバーの同意を取り付けねばなりませんし、レイヤーのリーダーはプロジェクトを遂行する

ためにプロジェクトの趣旨や目的、予定される成果などを説明し、必要な人材を集め、それぞれのメンバーについて働き方や業務内容について合意します。それぞれのレイヤーで参加の仕方などについては合意があればよいことになりますから、複数のレイヤーに所属することも容易であり、自由です。ここで、自分の能力が発揮できるレイヤーがない場合は、自分からプロジェクトを提案してレイヤーを立ち上げるか会社を去るかのどちらかになります。

　既述しましたが、これは従来のプロジェクト制に見られたような新製品開発や新市場の開拓といった未来を担う分野だけでなく、すでに事業化が進み基幹事業となった分野や、総務や経理といった支援業務を行う分野でも、同様の方法でレイヤーとして立ち上げられ運営されることになりますから、新規の事業でないプロジェクトには働き方の選択という面での参加動機が生じることもあると思われます。営業や事業部門といった市場や顧客と直接対応する業務は成果が見えやすく、前向きな活動として提案しやすく思われるのに対して、いわゆる間接的管理的な業務についてのプロジェクトはその活動が企業を成長させ変化させていくものとしてイメージしにくいことになると思われますが、そのような分野であっても、業務改善や社内の情報システムの改善などを積極的に提案し遂行できる余地は少なくないし、逆にプロジェクト内での同意を得れば働き方と自分の人生をマッチングさせるという面でエンパワーメント化が発揮されることもあり得ると考えています。そのような可能性を開くことによって、このような既存分野で、今までにない能力を発揮できるメンバーを迎えることも期待できます。労働法的な面で法的な制約が大きいであろう人事やコンプライアンスについては、現実問題として、取締役会直結の部門として存在することもいたしかたないと思われるところがありますが、その他の全ての部門がこのようにして運営されることは不可能ではありません。

　このようにして立ち上げられ運営されるレイヤーについては社内アントレプレナーといったイメージが理解しやすいかもしれません。すなわち、新し

いコンセプトや企画をもって設立され、運営され、成果を上げて成長していくということのほとんどが提案者であるリーダーに委ねられるので、リーダーはあたかも新しい事業を立ち上げる場合と同じような自由と責任と権限をもって運営することになるからです。全てのメンバーに自由と自己責任が与えられるのです。

　このようにレイヤーに自治といってよいような自由度が与えられれば与えられるほど、企業トップとしては全社的にバランスのよい成長発展をさせていくことに、より集中していくことになります。この全社的なバランスの保持と協調、共鳴を獲得するためには完全な情報公開がなされる必要あると考えます。リーダーだけでなく全社員、全レイヤー参加者は常に他のレイヤーの活動についての情報を自由に得ることによって、全体の中での自己のポジションや自己の役割を認識し、自らの判断で協調行動をとり、その結果、全社的なバランスが保たれ、無駄や重複が避けられることになるのです。必ずしも人間に対する性善説に全てを負わせるものではなく、会社の存在意義や理念、ビジョンやドメインが共有されることにより、自己組織化を始め自己調整機能が期待されます。単なる自由度の高いプロジェクト組織でなく、全体としての成長を目指す、バランスを保証されるための、最高に重要なキーと特徴はまさにここに存在するのです。

147）〔井原 00〕204 ページ
148）〔井原 00〕206〜209 ページ

第5章　新しい企業組織の発見

　第1章において、企業を取り巻く環境の現実について分析し、企業経営の現場からの要請として、新しいマネジメントの方法や、マネジメントの「場」としての新しい企業組織の考え方や組織形態が希求されていることを見てきました。また、第2章においては、研究分野においてもパラダイムシフトが起こり、人間観も変遷して来ているので、新しい人間観に基づく経営学や経営管理理論、組織論の芽生えが見られることを追ってきました。そして、第3章において、この現状からの要請と最新の研究分野における理論をマッチングさせて、そこから導かれるネットワーク社会におけるマネジメントとそこでの組織について述べました。その上で、総合政策科学ならではのアプローチの一つの試みとして第4章において新しい組織の提案をしました。しかし、この組織の具体的提案を提出すると、必ずといってよいほど「それは机上の理想論ですか？」「そんな組織があったらよいのに・・ということですか？」という質問を受けます。確かにネットワーク型組織という組織形態はその存在が認知されつつあるようですが、具体案として前章で述べたような、かなりピュアな型での組織はまだまだレアな事例であることは否めません。しかし、実際にそのような企業が存在することは事実であり、完全な形でないにしても、その考え方のコアを取り入れ実践しつつある企業もまた存在しています。本章ではそのような現実の組織のトップに面会してヒアリングし、実際に企業の中に入って見聞したところを報告することにします。

第1節　EDコントライブ株式会社[149]
　　　　（以下「ED社」という。）

　本節で記載する事例は私が約10時間余りに渡って、時に脱線しながら川合社長（当時）[150]にインタビューし、またいろいろな話を伺ったところを整理しまとめたものです。

　会社概況を述べると、設立は1986年3月13日、資本金927,543千円（2005年3月末日現在）、就業員83名（2006年1月更新データ入手時。インタビュー時は116名）、事業内容はコンピュータメディア事業としてはコンピュータメディアに関するプロテクション技術の提供、メディアデュプリケート他のサービス適用、その他には情報通信事業、システム設計・構築などのシステム開発事業、コンテンツ制作事業などを展開中での会社です。

　この会社についてはすでに出版物[151]にて紹介されているのでまずはそれによってED社の経営理念や組織について概要を述べます。

　ED社では「PD（プロジェクトドライブ）制度」と「役員立候補制度」という、独特の人事・組織制度を採用しておられます。簡単に説明すれば、トップが全権限を手放し、全ての経営情報を開示した上で、プロジェクト単位で社員が主体的に動いて会社を運営する組織とでもいったものになります。社長によると最初このやり方を理解できる人はまず見られなかったということです。考え方は理解できるが現実には存在できないとか、理念だけで理想論を語っているとか、自分の思いが先走っているだけで現実ではなく理想を話していると、頭から疑問符が付いているような反応であったということです。

　なぜそういうことになったかというと、それはこの会社の組織が非常に高度だったり、複雑だったり、精緻であったりということではありません。制度自体は大変シンプルです。この組織の取組みのベースにある考え方が違うとまったく理解できないということなのです。すなわち、従来の会社観・人間観に基づく「常識」をもって解釈しようとする限り理解できないというこ

とです。しかし、本書でこれまで述べてきた新時代の人間観など新しい時代のパラダイムやパースペクティブを持ってすれば、何の不思議もない、むしろ当たり前の帰結であるとすら思えてきます。

　会社を設立して数年後、経営は順調に成長していましたが、社長は壁にぶつかっていました。経営がまったく楽しくなくなったということです。あるとき「完成を目指すことが間違いだった」「変化こそ命」という概念を得た前後から、組織の変革が始まりました。このときのことを社長は「外部の環境のせいにしても何も始まらない。悪い原因を作りだしているのはすべて自分（社長）だ、まず自分を変えることだと悟った。」と言われます。「もう一度会社を興したときの気持ちに立ち返るということに気付いた。あのお客様に喜んでもらった時の感動を持ち続けたい、社員全員でその気持ちを持ち続けなければならないのだと思った。」と振り返っておられます。

　その結果、まず90年10月に導入され、現在もED社独特の制度として継続されているのが「役員立候補制度」です。これは文字通り希望者が役員に立候補し、役員会の互選で認められた者が就任するという制度であります。これは経験者の知恵を尊重するということだけを基準にすると、それらのリーダーの人間的な限界が会社の限界になってしまうので、新しい人がどんどん入って来られる組織を作ろうという考え方に立っています。すなわち、社長が選ぶのではなく、やりたい人がやるという仕組みです。これは、まさに創造的「ゆらぎ」を常に起こし続け、個人がその能力を発揮できる「場」を提供する仕組みであるとともに、これにより組織の硬直化を防ぎ、個人の知恵をフルに発揮させるような活性化された状態を作り出しているということにつながる制度です[152]。

　これは「やりがい」を求める人々にこれ以上のインセンティブはないのではないかと思います[153]。このとき、周りの人たちは社長のこの意思決定を危ぶんで忠告されたとのことです。しかしそれらの人々に社長は「変化させない仕掛けは全部問題がある」「必要なことは仕事をやりながら身に付けて

行けばよい。自分もそうして成長して来たのだから、他の人ができないと決め付けるのはおかしい」と反論したとのことです。社長の経営哲学の一つである「あらゆる組織は存続を自己目的化したときに腐敗が始まる」などはその姿勢をよく現わしています。社長が言うには「何のために組織を維持するのかを考えた時、会社は社員の面倒を見るために存在しているのではない。会社とは社会における役割を果たすための手段であって、独りでできないことを、みんなで力を合わせて取り組むための道具にすぎないと思った。だとするならば、社員は会社に依存することをやめ、一人一人が自律して創造的な生き方をするべきだろう。」ということです。会社の存在意義を、「社会貢献にある」と理念などに盛り込んでいる会社は少なくありませんが、しかし、それを社員全員の、各自が働く目的にまで落とし込んで考えている会社はあまり見かけないように思います。会社の存在意義を貫くために社員は会社に貢献しなさい、その代わり生活の面倒はみますというのが通常の考え方でありましょうし、そこが他社との大きな分岐点になっているのです。

　そして、その組織の存続自体を目的としない仕組み作りというのがプロジェクトドライブ制度につながっていくのです。すなわちそれは社長の「会社は複数のプロジェクトの集合体。役目を終えたものはどんどん消滅させていく」という考え方に添ったものなのです。プロジェクトドライブ制度とは、会社を個性的な事業を担う複数の事業（プロジェクト）の集合体と位置付け、誰かが社会的に意味のあるテーマを見付け出したとき、それを具現化するための手段としてその都度プロジェクトを組織化し、一方役目を終えたプロジェクトは会社の力を持って清算するというものです。

　これは、新しい価値を生み出すものを作り出す反面、必要性を失ったものは消滅させていって、会社の初心、設立動機や役割の純粋性を保とうという意図から生まれた制度といえます。同時にすでに実施されていた役員立候補制度は、組織の中に一切の既得権を残さず、個人の自発的意思を尊重するための仕組みと位置付けられました。役員立候補制とこのプロジェクトドライ

ブ制度によって、単に個人に対してインセンティブを与えたり、個人の能力を発揮させる「場」を提供する組織よりもう一歩進んで、組織の冗長性を確保し、よりネットワーク組織として完成された形に近付き、ネットワーク組織の特徴であるネットワーク化やバウンダリーレス化やエンパワーメント化の利点を取り込もうとしていると、これらは評価できるでしょう[154]。

　また、社内でのコラボレーションの可能性に対する試みであるとも考えられます[155]。社長はおっしゃいました。「利潤を動機とした組織において、人は手段であり道具であて、組織は効率よく働いてもらうために仲間意識を過剰に植え付けたり、マインドコントロールしたり、個人の組織に対する環境依存度を高めていく。そういう環境が心地よくなると人は次第に自分の考えを持てなくなり、組織に従順なロボットとして活用されることになる。こんな状態が起きている現状からのブレイクスルーとして、会社では社員を管理・統制という服従を強いる会社運営ではなく、自己実現の意欲を持った人、すなわち自立創造型人間＝アントレプレナーが率先してプロジェクトを推進（ドライブ）できるような「場」を実現する。役割を動機とするアントレプレナーたちが目覚め、リーダーとして活動し、それぞれの分野の達人へと育っていく環境を作り出す。それはプロジェクトドライブ制度のビジョンであり、それは物事の本質に立ち返ることである」と。また、「ベンチャーの本当の価値とは世の中を驚かせることであるが、新しいことに取り組もうとするときは、大きなリスクを伴う。つまり過去の例を分析して応用することはできない。必然的に新しい困難な仕事をして行くには失敗の積み重ねになる。利潤にこだわれば失敗は許されない。この矛盾も解決しなければならなかった。」ともおっしゃっていますが、このように「利潤動機」から「役割動機」の場へと会社を変革しようとしたとき、評価・査定は取り止められ、「ここまでやります」と宣言したことに対して、そのラインを超えたかどうかで判断されることになります。

　つまり、評価・査定に代わるものとして、人に対する「投資」という概念

が取り入れられました。具体的には、アントレプレナーたちが構想を描き、役員会での認定を受けた事業案件についてプロジェクトを組織化し、社内外の人が協力して必要な資源を持ち寄り成功を目指すのです。すなわち、プロジェクトドライブ制度とは、管理・統制を一切はずして支援という概念に置き換え経験を積ませる組織と言えます。

　このプロジェクトドライブ制度がスタートしたのは95年5月からです。開始に際しては、一度全社員との雇用契約を打ち切り退職金も支払った上で、就業規則等を改めて新たな雇用関係が結ばれました。この時の移行の課題は、いかにして従来の組織体制をプロジェクト単位に切り分けるかという点であったそうです。このようにして、発足したプロジェクトドライブ制度では、キャッシュフローの管理に関してのみ経営支援プロジェクトが一丸管理しますが、それ以外は予算管理から社員の採用・配置、報酬の決定に至るまで、各プロジェクトリーダーが執行することになっています。これが単なる事業部制組織と大きく異なるのは、社長が経営者としての権限を手放して、プロジェクトリーダーに委ねたところにあります。この意味ではプロジェクトリーダーは事業部の長というよりは中小企業の経営者に近いものです。

　他方、リーダーにならなかった社員の方ですが、彼らがどのプロジェクトに参加するかは個人の自発的な意志に任されることになっています。各社員は自分が働きたい、自分の能力が発揮できると考えたプロジェクトに応募し、互いの希望が一致すれば賃金や労働条件について決定をし、契約をしてプロジェクトの一員になります。特色があるのは、複数のプロジェクトに参加することも、プロジェクト間の移動も自由であるというところです。個人がその能力を生かした働き方ができる仕組みになっているのです。

　会社は社員に「機会」や「支援」を提供し、社員は自発的に動いてそれらを獲得して自己の能力を発揮する仕組みということができます。役員会は、これらプロジェクトの活性化と個人の自己実現を支援する「場」の提供をするという役割を担います。このように社員一人一人が「機会」を獲得し能力

を発揮できるために社内の情報は全社員にオープン化されています。これは、社長が「私がいつ、どこで飲んで、どれだけ経費を使ったかも、次の日には全社員にオープンになっている」とおっしゃるほど徹底しています。また「会社の資金によってプロジェクトを推進するのだから、プロジェクト間の予算の取り合いになったり、結果、使いすぎて全社的な資金不足になったりということはないのか？」という質問に対して、「自プロジェクト以外のプロジェクトの活動もみんな知れるから、今回は自分達は抑えて他のプロジェクトに資金を優先的に使わせてあげよう……といったことができるし、予算も同時に検討してプロジェクトの立上げが認められるので、計画にそって活動し、予算をオーバーしなければ資金不足になることはありえない。」との返事がありました。まさにこの情報のオープン化がプロジェクト間でそれぞれが相手の状況をみながら相互関係のなかで調整をしているということを物語っています。情報がオープンにされていることのメリットがフルに活用されているということでしょう[156]。

社長の話の中に、「プロジェクトのリーダーはアントレプレナーである」「事業を立ち上げたときの気持ちを持ち続けて、自分のやろうとしていることが会社を通じて社会に役立つかということを明確に意識している」という言葉がありましたが、これはまさに、「全体は個であって個は全体である。個々のプロジェクトが独自に活動しながらそれぞれが全体の方向性を把握する」ということを表現しているのではないでしょうか。このことは、ホロン概念の実現であると言えます[157]。「まったく新しい価値観の導入ということですか？ 最近、人間の生き方が多様化しているように思うのですが、それの反映もあると言えますか？」という質問に対して、社長は「人間の価値観は多様化していないと思う。自分達の判断が他社のそれともし違うならば、その次元、どのパラダイムで考えているかというところの差だと思う。」と答えられました。

このED社では2001年に、順調だったForceプロジェクトの解散という

事件がありました。このForceは大口受注先をもっているプロジェクトでありましたが、競争の激化もあって事業構造の転換をしようと動き出しました。売上げが低下する局面でありましたのでコスト削減にも同時に取り組む必要がありました。人員削減なり給与引下げの手を打つべきだったのは明らかでしたが、しかし効果的な手が打てないまま時間が経過してしまい、プロジェクトをいったん解散すべきではないかという提案が出るに至ったのです。この時、顧客がついている業務についてはいろいろな事情が考慮されて他プロジェクトに引き継がれ、メンバーも大半はそのプロジェクトに引き継がれましたが、仕事に対するモチベーションが低下しておりプロジェクトに貢献していなかった社員はどこのプロジェクトにも採用されず自らの判断で会社を去りました。

　まさにプロジェクトを解散することによって、リーダーの悩みと課題が解決できたのです。この事件は解散したプロジェクトのリーダーが自らの既得権に固執せず会社全体の利益を見て判断したことの証明になりますし、運営に行き詰って来たプロジェクトを引き継いだプロジェクトリーダーもまた自分達のプロジェクトの利益のみにこだわらないで、会社全体の運営を考える視点があったことを現わしてもいます。まさに「個は全体であり、全体は個である」活動でありました。ちなみに解散したリーダーはしばらく他のプロジェクトのメンバーとなって働いた後、2003年には新たなプロジェクトを立ち上げたということです。

　このようなことができる仕組みであるから、社員は思い切って事業に集中することができるのであり、新しい場面に柔軟に対応して行けたのであろうと思われます。社長の言う「失敗をよい経験と考え、それによって人間を成長させる会社」「成功するために失敗する」「失敗を許容する仕組み」であることが証明された場面であります。当初5プロジェクトでスタートしたこの体制は24プロジェクトが誕生しましたが、社長に話を聞いた2003年秋で14プロジェクトが動いているということでありました[158]。

この会社の一人の女性社員の働き方の実例はプロジェクトドライブ制度の別の一面を示しています。彼女はこの会社に入社してから「自分の希望を積極的に主張し、主張したのだから責任を持って仕事をしなければ」という会社の仕組みに適応できた社員の一人でありましたが、出産などの人生の転換時に希望する勤務条件などを提示して、ゼロサムのような判断をせずに仕事を続けているとのことです。その人が自分のできることで貢献しており、その仕方についてプロジェクトが納得する限り、会社を退職したりする必要はないし、彼女の取った働き方が別の女性社員に一律に押し付けられるということもありません。プロジェクトドライブ制度とはこのように、人生における状況の変化に合わせて働き方を柔軟に組み替えられる仕組みでもあるのです。

　ここで見えてくるのは、トップが判断して社員に実行させるというスタイルとはまったく違ったマネジメントのスタイルです。社長のいう「個人の自発性を尊重すれば、一人の頭脳にぶら下がる構造体から個々の社員がアイデアを生む体制へ生まれ変わる」ということでしょう。この体制でバラバラになってしまったり、儲かっているプロジェクトが手柄として成果を独り占めして、未来への投資がおろそかになることはないのかという危惧が現実にならないのは、会社のよって立つ理念「世の中に新しい価値を生み出す会社である」という意識が共有されているからであり、情報が共有されているからでしょう。また、自分の成功を力にして独立していくのではないかという危惧にも社長は「自分の力で自由にできることがたくさんあるから、独立しなければならない理由がない」と言い切られています。

　会社案内に一文を寄せている、企業革新やアントレプレナーが専攻の奥村昭博慶應大学教授はこの制度を未来型の組織として高く評価されています。いわく、「プロジェクトドライブ制度はまさに未来の組織の必要要件を持った仕組みである。個人が自らの判断と責任でプロジェクトを起したり、それに参加していく。それは真に人間中心の仕組みであり、個人が高いモチベー

ションを持って創造性を発揮していくからである。企業も仕事も個人のためにあるのであって、組織のためにあるのではない。個人が活かされる場こそ未来の組織であり、それが私のこの制度をもっとも評価するポイントである」といういことです。

「会社トップによる管理や統制が本当にまったく必要ないのか？　議論が平行線をたどって力が分散してしまうということは本当にないのか？」という重ねての質問に、「一部の人間が、管理・統制する会社は、思考停止の人間を増やすだけで、会社のためにならない。社長が権限を手放しても、情報を共有し議論を徹底すれば会社はおかしくならない。議論をして結論がでないことはない。なぜならば結論が出るまで徹底的に議論するからだ。命令と服従では人は育たない。20世紀型の組織はある種の奴隷制度である。「個」を中心とした会社にシフトすべきなのである」という返事が端的にこれらを語っています。「そのような考え方を宗教だ　という人もいますが……」という質問に「人は理解できないことを宗教だとか信条だとか言うのではありませんか……」と切り替えされました。この社長の考え方を理解できる、これはこれからの組織の一つの形であると言いながら、「宗教か」などという一般論をぶつけようという態度が、自分の中にまだまだ要素還元主義の目的合理性を引きずっている部分であると感じた次第でした。

第2節　その他の事例（部分活用事例）

　プロジェクトドライブ制度は制度と銘打っているものの、一つの完成したモデルで、その通りに導入すれば機能するというものではありません。むしろ、もっと概念的というか、一人ひとりの企業観や人間観を変えることから始まるもので、そのあり方はそれぞれの会社によって異なってくるものです。
　前節で紹介したED社の存在を紹介していただいた社長がおられます。私が仕事を通じて20年近くお付き合いいただいている会社です。仮にA社と呼びましょう。A社ではここ数年にわたって、年2回社員全員を集めた社員総会を開催し、その場で実績を報告し、今後の目標を発表し、個々の社員のベストプラクティスを発表し、そこから各自が感じ取ったところを発表させるといったことを実践されています。その場に毎回参加していて、組織やシステムのシフトして行く様を目の当たりにしています。このような目覚しい変化に驚いていると社長に話をした中で「実は見本があるのです」と教えてもらったのです。このA社ではプロジェクトドライブ制度より役員立候補制度を色濃く取り入れておられるように思われます。
　A社では、具体的には役員に立候補できる資格を外部の試験に一定以上の成績を収めた者としています[159]。その資格を持った人ならば誰でも自分のビジョンや計画を提示して役員として活動する可能性が開かれます。リーガルな部分との関係で言うならば、登記上の取締役ではなくいわゆる執行役員の位置付けで任期は2年となっているようです。ところでこの役員となれるかどうかですが、A社ではオープンな役員会を開催されます。その場で役員候補は自分のビジョンや計画や実績をプレゼンテーションして、それに対して他の社員が信任の投票をすることになります。要するにプレゼンテーションを聞いて、よいプランと思うとか、その候補者を信じてついて行こうという気持ちになれるかなどについて投票するということです。その投票の

結果を受けて本来の役員会で執行役員の採否を決定し、これは全社員に向けて発表されます。全社員はその結果を受けて自分の参加したい部署に登録していく、という方法がとられるのです。執行役員以下のチームリーダーも本人の立候補を基本に選抜されることになっています。

内実を伺うと立候補をするように何日も説得したという話があったり、第一候補の部署でなく別の部署に参加するように個別に話しをしたり、ということもあるということではあります。また、執行役員の任期終了の度に大移動が起こるほどの激変はなさそうで、実際は自分達のリーダーの信任投票的色合いも見えないことはありません。しかしながら、完全でないにしても、それぞれの部署もチームも自己責任をもって自発的に参加するのですから、社員総会で発表したコミットメントを達成するために各人はその持てる力を死に物狂いで発揮することになります。コミットメントした限り全力を尽くすのが当たり前という社風がすでに築かれていると言ったほうが正しいかもしれません。300人余の人たちが、それぞれ真剣に持てる力をアピールし目標を達成しようと活動する様は壮絶に見えるところすらあります。

予算や計画が発表されても、それは単なる目標であって達成できるかどうかは結果論である、というような会社が多く存在している現場を日常的に目にすることが多いので、誰に強制されるわけでもなく、ペナルティがなくても、この自分達で決めた計画と予算は何があっても達成しなければならない、という風土があるということが、様々な企業の現場を見ている者としてはすでに驚くべきことであります。また同時に同じ業務をするにあたって、自省的に動ける場があり自由と自己責任の原則が貫かれている現場に置かれると、社員は自分の問題として真剣そのものの姿勢で仕事をするということを思い知らされます。このような現場を目の当たりに見ていると、ネットワーク組織において自律的・自省的人間観に基づいた経営と組織のあり方[160]も、机上の理屈でないと納得せざるを得ません。

この事例を別の経営者の集まりで紹介したときに、「どうしたら、そのよ

うなやる気のある人材が集められるのでしょうか？」とか「企業文化が育つのと、人が育つのとどちらが先なのでしょうか？」という質問が出ましたが、自分で決めて行動しないと居場所がなくなるシステムであるから、これは居場所がなくなるといったある意味厳しい環境であると推察しますが、やる気を出すか、退職するか以外の選択肢しかないのであり、結果的に自分で考えて行動できない人は淘汰されるのではなかろうかと考えられます。要は、経営者の方が、社員を信じ切れるかどうかということかもしれません。

　また、完成度はもっと低いですがここに本当に小さな会社ではありますが社員の行動という面では同じような現象が見られる会社があります。仮にB社とします。従業員が20人ほどの小さな会社であり、特別にIT技術が導入されているというような会社でもありません。むしろ、社員はパソコンですらまともに操作できないのではないかと思われるくらいIT技術の恩恵にはあずかっていない会社であります。しかし、この会社では、徹底的に社長のコンセプトが語られ、社員一人一人と対話が持たれています。社員が会社の目標と方向性を納得するまで話し合いが持たれ、社員教育的ミーティングが持たれるのです。また同時に社員は常に自分達で次の戦略を策定することが要求され、それについて、徹底的な対話が持たれ、全社的な合意ができれば、「言い出しっぺ」はそれの実現に向けてそのプロジェクトが任されるようになっています。

　B社は規模が小さく特別の仕組みを持たなくても、結果的に社員の自発的提案で新規の戦略が実行できる機会があり、常に持たれるミーティングによって全社的情報が与えられるので、社長の「会社を大きく強くしてみんなで幸せになろう」が自己と会社のベクトルの一致という形で体現される結果になっています。B社の場合は「自分にできたことは社員にだってできる」「自分は特別選ばれたスーパーマンではないから、みんなの意見を聞いて賢くなるし、それが結果としてお客様の生の声の反映になる」といった社長の人柄がたくまずしてこのような結果を生んでいる面が多大にありますが、必

ずしも積極的にこうなろうと目標を定めて推進されてきた組織ではありません。しかし、結果とはいえ、社員に自己実現の場が与えられ、自己の貢献が評価されその結果がフィードバックされるという仕組みが働いていると、社員一人一人が目となり耳となって顧客のニーズを全身で受けとめ提案してくるから、市場の変化に見事に柔軟に対応している結果になっているのです。

このB社でも、貢献に対する報酬は必ずしも金銭や社内的地位でなく、社員の満足という形になっているのは、また失敗に寛容なのは、単なる偶然ではないように思えます[161]。

149) 詳細は同社のホームページ (http://www.ed-contrive.co.jp) 参照
150) 2003年10月当時。創業者。このインタビュー直後代表取締役会長に就任 2004年3月代表取締役会長退任 現在名誉社員 関西学院大学講師 青森公立大学講師をはじめ大阪市インキュベーション・エンジェル・グループアドバイザーなど数々の公職を務める
151) 例えば、谷間真著「非常識な組織作りが会社を強くする」実業之日本社、 川合歩 水口清一共著「バーチャル社会と意識進化」日新報道
152) 本書 第1章 第4節参照
153) 本書 第2章 第3節参照
154) 本書 第3章 参照
155) 本書 第3章 第3節参照
156) マルチレイヤー組織において、組織に方向性を持たせてベクトルを束ねていくのは、情報の冗長性にかかっているが、まさにその実践が見られる（本書 第3章 第4章参照）
157) ホロニック理論については、本書 第2章 第2節参照
158) 2004年9月末インターネットで検索した時点では17プロジェクトになっていた。川合アユム創業者のプロジェクトも存在している
159) 社長も率先してその試験を受験したということである
160) 本書 第1章第4節 第2章第3節 第3章第3節参照
161) 本書 第2章 第3節参照

終章 マルチレイヤー組織導入に向けて

第1節 組織心理学の観点より

　組織心理学とは組織を構成する個々人の行動を、主として心理学的なアプローチによって解明しようという分野です。この分野の歴史は、ホーソン実験の時を基準に、その前を初期産業心理学、その後を人間関係論に区分されます。初期の産業心理学は、テイラー（Taylor）が科学的管理法を研究しているのと同時期になされた産業心理学者における労働者の心理的、生理学的研究です。この時代の産業心理学のほとんどは、肉体的作業から来る生理学的疲労や反復作業から来る単調さをどのように緩和するかについて研究されています。その後、メイヨー（Mayo）の考え方を反映する形でホーソン実験がありました。この実験で、生産性向上は物理的条件や賃金だけによるのではなく、モラール、監督、職場の人間関係と係わりがあることが確認されました。そして、インフォーマルグループの存在とその影響なども観察され、レスリーバーガー（Roethlisberger）らはフォーマル組織には費用と効率の論理が、インフォーマル組織には感情の論理がそれぞれ働くと結論しています。
　ホーソン実験以後の組織心理学者は、人間は生理的欲求や社会的欲求ばかりでなく、より高度の自己尊敬の欲求や自己実現の欲求を持つ複雑な存在であると主張しました。マズロー（Maslow）の欲求段階説[162]やアージリス（Argyris）の未成熟＝成熟理論です。アージリスによれば人間は本来的に自己

成長や自己実現を求める傾向があるにもかかわらず、組織はそのメンバーを未成熟状態に固定化しようとし、成長しようとする人間の欲求と組織の管理戦略の間には不調和が生じるとしました。だから、成熟の可能性のある組織メンバーが成長した状態で振る舞えるよう組織を再構築して行くべきであると主張したのです。これらの理論を背景として、組織心理学では、人間はいろいろな欲求をもっているが、動物的な欲求よりも人間的成長や自己実現を求めていると強調するようになりました。これがリーダーシップ論、人間関係論、人間資源論として発展してきています。しかし、いずれも未だいかに人間を管理して働かせるかというように、人間を目的に対する道具的資源と見ていました。

しかし、近年の人間観は人間を単純に働かせる道具と考えるのではなく、もっと自律的、自省的な存在として考えるようになってきています。すなわち、複雑系社会の中の複雑系そのものの企業を考えるとき、他の複雑系の議論との決定的な違いは、企業の場合はそのエージェントがこれまた複雑系そのものの人間であるというところにあると考えるのです。したがって、この社会で成長発展を遂げるための企業変革を考えるにあたっては戦略や組織の変革だけでは不十分であると思われます。それは必要条件ではありますが十分条件ではありません。前章まででは、組織のあるべき姿やその理論的根拠、考え方などを述べてきましたが、それが実践の場で有効に働くかどうかということについての重要なポイントは、経営者も含んだ企業の構成員全員の意識改革です。企業文化の重要性が意識され始めたのも、そうした認識に基づいています。企業全体の変革は各職場のせめぎあいの中で創発的に実現していくと考えられるからです。そのために、組織のエージェントとしての組織構成員の行動についても考えておかなければならないと考えます。

前章までの結論を受けて、ここではまず、変化するための実践的手法に結び付けるために、エージェント(「自律的主体」Autonomous agent)としての人々の行動に焦点をあてて考えます。日常の活動の中で、環境の変化に対応して

自己が変化するためには、環境が変化していることを認識することが前提になります。しかし、変化を認識し、それへの対応の必要性を感じてもなおかつ、人間（の集団）は変化しようとしないという現実が見られます。したがって、変化し続ける組織を考えるにあたって、この人間心理の抵抗を乗り越えるための手法や「場」の提供がなされなければならないのです。そこでまず、変革を妨げる人間（集団）の心理的考察を通じて変革の実践と定着とに結び付ける手法を考えてみます。

　人間には変化を阻む心理があります。すなわち、変化の必要性を感じていても、それを阻む心理が人間には存在するのです。人が変化を感じるのは、過去には見られなかった状況を現在に読みとるときです。つまり、変化認知は一般的にいって、ある情報について現在と過去とを比較することで行われます。このとき、現在の情報は目の前の事象であるから具体的かつ正確なものを収集することができます。しかし、過去の情報は、そのつもりで収集していることはまずありませんから、分量も限られ、断片的で抽象的、包括的でかつ極端に良いか悪いかといった感じでシンボリックに集約されていることが多いものです。一般に過去情報は、次第に美化されポジティブな形で記憶に残っていることがまま見られます。人間の変化認知はこの段階ですでに偏っているのです。また、変化の認知はその個人の関心分野の影響も大きく見られます。自分に関心のある領域についてはかなり変化に敏感ですが、関心がなければあまり変化を感じ取ることもないのです。その上、個人の立場や視点が移行すると、個人の価値観も違って来るので、変化認知も敏感になったり鈍感になったりします。このように、個人の変化に対する認知はかなり主観的で、状況の変化などに大きく影響され、偏りのあるものであるということができます。人は誰でも、いつも変化を感じ協調しながら、ものを考えたり、他人に語りかけているのであり、人はもともと変化に対してそんなに鈍感ではありません。しかるに、人は、自分が第三者や傍観者として気楽でいられるときは、変化に対して敏感さを示したり、変化を強調しながら

積極的に利用しようという姿勢を見せるのですが、自分が当事者になると変革に心理的抵抗をみせます。そして、自分が中心となって、変化を導入しなければならないとなると、変化に対して消極的になります。これは変化を創出しようとすれば、周囲の抵抗を受けることを経験的に知っているからです[163]。

　今日、環境の変化に対応すべく組織を変化させて、活性化を図らなければならないことが解っていても、具体的にどのような変化をどのようにして創出すればよいのか解らないから、自信を持って実践することがなかなかできないのが現実の姿です。またその働きかけに対して周りの協力がなかなか得られないと感じるので、余計に変化を忌避する姿勢になってしまう事例については、枚挙にいとまがありません。なぜなのでしょうか。人は変化を避けたがるからです。すなわち、変化するというのは、必ず新しい事柄の学習を伴い、これは基本的には過去と現在の否定を前提とする創造へ向けた自己否定を要求するからです。人が変化を避けたがる第一の理由は、それが各人の持つ自尊心を脅かすからです。このショックは人に成長を促すものではありますが、しかし本人にとっては決して快いものではありません。そこで、自己否定を強制されると、人はほとんど本能的、無意識に変化を避けようとするのです。また、変化を取り入れ実践していくということは、これまで経験しなかったことを、自分のゴールが必ずしも明瞭でない中で、モデルがないまま実行していくということですから、これらが個人の創造性発揮や成長の基礎になるものであっても、大きな不安やストレスを伴うので変化に向けたモチベーションは高まりません。高いプレッシャーは時として新規学習や、新しいことへ挑戦する意欲をそぎます。その上、組織内にあっては変化するということは、これまで職場集団内で主流でなかった価値観や思考様式に基づいて、人々が新しい行動を見せ始めるということでもありますから、既存の価値観の崩壊を食い止めたい人々から少なからぬプレッシャーがかかり、余計に変化はしにくくなります[164]。すなわち「出る杭は打たれる」という

状態が発生するのです。組織変革を進めて行こうとすれば、このような変化を避けたいという心理を乗り越えなければなりません。

　このような心理的抵抗は何かにつけて消極的になるとか、「変えないほうがよい」とか「できない理由」を説明するときには熱意を溢れさせ力説するとか、変化させようと前向きになっている人の足を引っ張るといった行動として現れることになります。このように心理的抵抗が具体的な言動に表れることはもちろんですが、同時にこれは、自分の置かれた状況についての認知を、自分の都合の良いように歪めるという形でも現れます。正確に環境の変化を認知することは、組織内で変化を創出するための体制を整えるためのスタートであり、非常に重要なポイントです。環境の変化は、組織に何らかの変革を迫るインパクトとなりますが、それを受けて変化するのは企業内部であり、そして変化することによって成長発展するためには、環境の変化からのインパクトに対して、組織内部における態勢が整っていなければなりません。しかし、最初に環境変化の認知が歪められてしまうと、それ以後の展開は間違った方向に走り出す危険があります。

　組織を変えていこうと考えるとき、ややもすれば外的環境にばかり意識を奪われてしまいがちです。しかし、組織内部で変化を創出する準備態勢が整っていなければ、変化は起こりません。すなわち変化するのはあくまで組織であり、変化の導入と推進は組織内部にそれを受け入れる態勢が整っていなければ、決して効果はあがらないのです。環境変化を認めたとき、組織にとって「危機である」と浮き足立つのではなく、「チャンスである」と積極的、発展的かつ前向きに捉えることができる姿勢が企業内に存在することが望まれます。単なる危機回避では、その後につながってはいきません。

　また環境変化を正確に認知するためには原因帰属[165]が正確でなければなりません。原因帰属とは、たとえば「なぜ売上が伸びないのか」とか「なぜ部下の仕事意欲が盛り上がらないのであろうか」といったことについて、自問自答し原因を求めるということですが、この原因帰属は正確でなければそ

の後の行動を誤ることになります。また、この原因帰属が不正確なら危機認知やチャンス認知、あるいは変化導入の必要性の認知も誤ることになります。しかし、これは心理的なものであるだけにいつも正確性が脅かされています。たとえば、自社の業績がふるわないのは、不景気だからとか、ライバル企業のがんばりであるというように、不都合なことの原因は外にあって、自分のせいではないと言う自己擁護的認知がされやすいのです。

　また原因は自社内部にあると認めざるを得ない場合でも、原因の所在が自分の意思決定や戦略策定にあるとはなかなか認めず、自分以外のせいにしがちです。これまで長い間、高業績を収めてきた組織の管理者であるほど、自分たちの意思決定や活動の有効さや適切さを信じこんで、悪い結果は一時的なものであるとして、疑ってみようとしない傾向があります。

　その上、人には自信が脅かされると頑なになりやすいという傾向がみられます。人は統御可能性を脅かされたり、それが失われると、統御可能性を取り戻そうと動機付けられます。そのため、自信を脅かされている行動に固執しようとし、自信を脅かす原因に対して敵意を持ったり、攻撃行動をとり、思考の柔軟さをもたらしてくれる自己洞察や自己反省などは影を潜めてしまいます。そして自信が回復できないとなると、自分のおかれた状況や事態についての解釈を、ほとんど無意識のうちに変え始め、たとえば、統御可能性の重要性を低く見たり、もともと統御不可能であったと思い込んでしまうということになります[166]。正確な環境認知は、組織内の変化創出のための態勢作りをする際のスタートをなすものであり、したがって、認知がゆがめられれば、それはそのまま組織変革を脅かすのです。そのためにも人々のもつ固有の心理規制を理解し、それに脅かされないようにしなければならないのです。

　昨今の環境の激変に即応できる組織を創出すべきであるというのは述べてきたところです。また、わが国の多くの企業で組織の成長発展を目指して、組織の変革を目指して様々な試みが実践されていることは現実でもあります。

トム・ピーターズ（Tom Peters）の言葉「超優良企業は、超優良を信仰しない。信ずるはただひとつ、不断の改善と絶えざる改革のみ」[167]を持ち出すまでもなく、今日ではこれは企業活動の核心を突いています。

では、その組織を構成している人間は変化を阻む心理を持っているものであることを事実として受け止め、この自ら進んではなかなか変化できない人間に、変化に対して挑戦し変化し続けさせるためにはどのようにしなければならないのでしょうか。企業のトップが組織変革に心血を注いでいるにも関わらず抜本的な解決に成功を収める企業は多くはありません。なぜなのでしょうか。人間には変化したがらない心理が根底にあるということにつきるのかもしれませんが、これを学習という視点からみると「転換的学習」（transformational learning）に失敗しがちだからということができます。

ハーバード・ビジネス・レビュー誌が心理学者のエドガー・H・シャイン（Edgar H Schein）にインタビューした記事があります[168]。この組織行動学における世界的権威の言葉から、企業文化とリーダーシップのあり方について考えてみたいと思います。

彼によると学習する組織については依然未知なことが多いとのことです。巷には多種多様な分野から「学習する組織」になるための本が溢れていますが、どうもそれは小さなチームや部分的な学習については当てはまっても、体系的なアプローチで組織文化に介入し、組織全体に転換的学習を浸透させる術は未解決のままなのです。社員たちに自分の頭で考えることを教え、自律的従業員を作り出したとしてもこれを組織の動きとして調整していくことはいまだ経営にとっての大きな課題であり、どうすれば組織として学習できるかのモデルの構築に関心が集まるところとなっています。

シャインは、あらゆる学習は基本的には強制的なものであり、個人であっても組織であっても苦痛と強制を伴わない学習はあり得ないと考えています。確かに学習するということはその結果を受け入れ、自己を変革していく作業を伴うわけですから、それはもっともであると言えましょう。

企業においても、学習は既得の知識を破棄し、新たな何かを学習するように人々を動機付けなければならないのですから、経営者はその不安感を克服しなければならないことになります。すなわち、新しいことが「難しすぎるのではないか」「上手くいかなかったらどのように人から評価されるのだろう」といった未知に対する不安感や失敗を恐れる恐怖感、あるいは今までの人間関係が壊れるのではないかという不安感をどのようにすれば克服することができるかという課題です。これは人間の持っている本来の特性に関わる部分であるので、単なる説得では取り除くことはできないと言わざるを得ません。特に人員削減が断行されたり、ネットワーク組織へ再編されたりといった大きな構造改革が進められると、従業員の心理的な安定感は急速に失われるので、余計に不安は増大することになります。

　基本的には人間は、学習しなければ生きていけないというような生存不安が、新しい学習に対する不安より大きいとき、学習を受け入れるので、多くの企業では解雇や報酬カットなどの生存不安を増大させたり、危機感を持ち込むことによって学習させようと行動します。そのほうが簡単で直接的な効果が期待できると考えるからでしょう。しかし、アメよりもムチを重視する方法がとられる限り、それは学習に対する強い抵抗を植え付けることにもなります。すなわち、管理者が部下を何らかの形で脅かして学習させようとしても、心理的抵抗によって完全な学習は困難であり、新しい変革プログラムによってそれまでの学習が中途半端であってもそのままで放置されたままになると、従業員に傍観的態度を植え付けるだけになってしまうのです。

　それを克服するには、リーダーは、学習しなければならない現実や目的についての理解を得る努力をし、自分の言葉で信頼性を勝ち取らねばなりません。このようにして、学習すればよりよい環境が得られるという理解や安心感を獲得し、社員自身が学習の必要性を感じて学習に向かうようにすることで、学習プロセスを改善することが可能になります。期待や希望を打ち砕くような何らかの脅威が与えられない限り、組織の真の変革は始まらないので

すが、このような場合、ともすれば脅威の原因が自分達の行動にあることが露呈されるので、経営者がもっとも学習を拒む心理に陥ることもあります。経営者は自分が学習者となり、自らの弱さやあいまいさを認め、自分の言葉で従業員に働きかけて初めて、従業員に学習に対する心理的に安全な環境が訪れるのです。このトップのコミットメントによって、転換的学習は成功する確率を増大させます。しかし、それだけで組織の学習は成果を得られるのかというとそうでもありません。「大規模な組織変革のプロセスをみると、小さなグループの学習から始まり、それが水平展開し、序々に全社的に広まって効果が高まるというケースが一般的である」[169]ということですが、一部に学習者が現れ、進歩して成果をあげ始めると、他の人々や部署は不安と嫉妬に駆られるので、組織の自己免疫システムが、学習者に対する拒絶反応を示し始めます。いわゆる「出る杭は打たれる」といった動きが起こるのはこのような時です。このような反応が予測されると、人々はよりいっそう学習に対する不安感を高め、個人にとっては学習は危険なものとなってしまうのです。そこで、学習する個人を、この組織の圧力から守る方策が望まれます。しかし、もし個人やそのグループが、新しい物事を学習してそれが生き残ったとしても、それが組織全体の学習につながらなかったならそれは組織的学習ではありません。組織的学習というのは、組織全体が新しい物事を学習し、新たな信条や慣行にまでの変革につながるものを言うからです。

　経営者や管理者は、学習が成功しさえすればよいといったような学習自体に価値を置くことでこの間違いに陥る危険に、陥らないように注意しなければなりません。このような難しい組織学習を、どのように根付かせればよいのでしょうか。ここで登場するのが企業文化です。企業文化には、その組織の目標や企業が長年の成功や失敗から学んできたことに関する概念が含まれているはずです。ですから、転換的組織学習は、企業文化の変革をも意味します。

　したがって、人々が信頼で結ばれ、率直に対話をすることを目指した組織

学習や、社員にエンパワーメントされるネットワーク組織を作ったり、自律的なチームを創ったりといった大規模な変革には、人々の間で長年信じられてきた思い込みを捨て、根本的に新しい概念を導入する必要があります。企業文化自体を変革していく作業を伴うので、これは痛みを伴う全社的な取組みになり、数々の困難も伴います。学習する内容の正当性をきちんと伝え、リーダー自ら真剣に取り組むことによって、一つ一つ解決していく作業となりますが、その作業の一つ一つが正当化できるものであり、それが従業員の学習プロセスを少しでも快適なものにし得るならば、その改革に向けての学習は有効なものとなり、正当なものとして受け入れられるものとなります。

まず新しい動きを起こすには、固定的にしがらみに絡めとられた現実の構造を、打ち壊すことから始めなければなりません。その場面で、変化を嫌う人間の心理を乗り越えなければならないのです。新しい動きを主流にする一番の早道は、トップがその動きを評価する事です。トップの評価は、その動きの当事者に大きなエネルギーを与えるとともに、その動きへの社内エネルギーの加担を加速させます。新しい変化をできるだけ抵抗少なく受け入れる企業文化を創りだす環境を導くにはどうすればよいのでしょうか。組織のソフト面での課題です。

第2節　まとめにかえて

　本書においては、これまで様々な角度から、人間と企業の新しい関係を求めて、企業組織のあり方を考えてきました。
　まず、序章においてはこれが政策科学をベースとしていることを意識して、経営学や経済学あるいは社会学ではなく、政策科学であることに軸足を据えた理論展開であるための要件について検討しました。そこでの検討結果は、政策科学の定義を踏まえて、現実との関係に深く結びつき、問題提起に対する有用な解答を提出し得る学際性や有用性を持つものでなければならないということでした。その結果、ここで取り上げる「企業組織」は単なる管理論でもマネジメントでもなく、マネジメント・戦略と一体となった動態的な組織の提案を目指すものとなっています。その出発点となる問題意識は、同じ業種、同程度の規模であっても、また同じような市場で同じ製品やサービスを扱っていても、成長発展を続ける企業と衰退していく企業の違いはどこにあるのか、その理由を探ることにより、現代社会における企業が成長していくための秘密を解き明かし、学問分野へは現実社会の企業活動から抽出した仮説の提出という形で、企業の側へは明日につながる経営のヒントを提示する形で提供できるようにという壮大な理想を掲げました。
　まず第1章では、現実についての状況を分析し、企業を取り巻く環境の変化がネットワーク社会の出現に深く関係していること、そしてそれは単に現象面における表層の変化だけでなく、我々の日常生活にまで影響を及ぼすほどのパラダイムのシフトであり、根底からの変化が起っていることを述べました。また、第2章では、それが単なる観察結果だけでなく、研究分野において認められるところまで一般化されたものとして認識してもよいのか、また研究分野での理論の裏付けが得られるものであるかどうかをみるために、経営学などの理論の展開を歴史的にトレースするとともに、この現状につい

ての考え方が研究分野での理論の流れのなかで説明のつくものであるのかの検証を試みました。

　第3章では、前章までの結論を受けて、現状分析と研究分野での理論の変遷とから導き出される、望ましいマネジメントの姿、そしてマネジメントの「場」としての企業組織を考え、第4章でのマルチレイヤー組織の提案に結びつく理論的流れを明確にしようと試みています。その上で、それが単なる理想論や机上の空論ではないことを保証するために、第5章では実務やヒアリングなどを通じて得られた事例を提出することにより、実現可能性について報告しました。そして前節において、実際に企業を構成し活動するのは人間であり、人間の集合であることから、この組織が現実社会で成果を上げるための最後の課題として人間の心理についての若干の考察をしました。

　本書の真の目的は机上のあるいは理論の延長線上にある企業組織の「絵」を提出することではありません。企業経営の現場で十分に有用であり、かつそれが単なる現状分析からの経験に基づく提案という枠を超えた、一般論としても説得力を持つような、研究分野でも理論的に納得性のある仮説の提出であります。

　「仏作って魂入れず」にならないために、まとめに変えて企業文化や企業風土について述べておきたいと思います。

　変化のスピードも範囲も従来には想像も付かなかった規模となっている今日の社会において、この変化のスピードに即応して変化し続けることは、企業が生き残れるかどうかの分かれ道になるのではないでしょうか、というところから本書はスタートしています。それは、静止衛星が地球の自転に合わせて猛烈なスピードで動いているから、地球から見て一定点にとどまって機能するように、社会の動きに合わせて動くことを止めてしまったら、あっという間に置き去りにされるのは疑いようのない事実である、というのと同様です。現在の企業に求められているのはまさに俊敏な経営に他ならないのです。

そのように激変する環境に即応して変化し続けるためには、まったく新しいパラダイムによる、誰もが未経験の組織やシステムの導入まで考えないと、単なる掛け声に終わってしまうのです。これは誰しも容易に想像のつく現実であります。これからのネットワーク社会において、ネットワーク組織を構築し、人間を道具とみなして管理するのではなく、人間を人間としてみる視点で、その人間が本来持っている能力を身も心も快く発揮させることが企業の活性化につながり、成長発展につながっていく、本書ではそのような組織の姿を追い求めてきました。それが机上の理想論でないことはたとえ少数であっても新しいスタイルの経営が、企業が出現してきているという事実が示していることをもって述べてきました。

　企業トップがこの流れを納得して実務に取り入れ、その成果が理論の発展につながるといった相乗効果も期待したいと思っています。しかし、トップが組織変革に向けての意思決定をしたから、取組みについて社員を教育したから、推進できる……でありましょうか。豆腐を作るとき「にがり」が重要なように、企業変革にも「にがり」が必要です。口で必要性を説いたり、実行計画を作ったりすることはできます。「やれ」と指示することも「やるのだ」と意思決定することも簡単です。しかし問題はそれだけでは何も始まらないということなのです。より正確に言うならば意識改革した結果が「自主的な動き」として活動につながっていくのか、それがどんどん自己増殖的に発展していくのか、ということです[170]。

　大抵の企業は新しい組織の「絵」を書き、説明し、指示をし、「それをさせる」ところで挫折してしまうのです。組織設計は万能ではありません。また、組織形態はすべてを解決する万能の特効薬ではありません。組織形態はどれも一長一短ですから、現行組織と新組織のどちらの問題が今の戦略と環境の下ではより深刻かという考え方で設計するという、その意味で現実主義者の仕事です。また、個々の場面で問題を解決するのは人であって、組織形態そのものではありません。組織について考える時、組織とは日々従業員が

直面する環境を決め、人々がたどるキャリアを決めるという意味で、長期的な人材育成にきわめて重要な影響を及ぼすことを考慮に入れておかなければなりません。その点では、複雑怪奇な組織を避け、自分の仕事の意味がわかり易い仕事環境を人々に提供し、立派な人物が自然に育ちやすいようにするというのが基本でありましょう。

そもそも組織とは人々が協働して情報を作ったり処理したりするものなのですから、今日のような情報技術革新の時代には、新しい情報技術を次々と取り入れて企業組織も常に変化していかざるを得ないのです。どのようにして、意思決定がなされるべきかという問題は、同時に自分たちの組織が「どういう組織であるべきなのか」という基本的な方向性を明確にする問題でもありますから、日常的に「相談し合える関係を作る」という土壌の開拓をしておく必要があります。この土壌と、価値観の共通理解が得られる状況が作られていれば、一人で決めても皆が協力してくれるのが当たり前になってきます。そのような意味で、革新に向けての企業文化の創造と、新しい組織や考え方を受け入れられる土壌作りが急務となっています。そのためには、信頼のネットワーク作り、倫理のネットワーク作りが不可欠です。そこに存在する新しい企業イメージは、エージェントたる従業員やそのグループが、自律的・自省的に活動しながら、自己目的と企業目的のベクトルを合わせつつ、全体としては総和以上の力を発揮できる、そして、それを可能とする「場」を持つアジル・カンパニーなのです。

このような新しい組織やシステムを本気で推進しようとするなら、そしてそのための意識改革に本気で取り組むのなら、企業風土・企業文化の問題は避けては通れません。経営トップは「社員にやる気を出させたい」と考え、社員は「働き甲斐のある仕事がしたい」とそれぞれ考えているであろうと思われるのに、なぜそれが全社的な活動につながらないのでしょうか。この行動を止めてしまうのも、新しい行動が自主的に展開されていくのも企業風土によります。現実の組織を観察した時、「まあ組織とはこんなものだ」とい

図9 不活性的な状態と活性的な状態

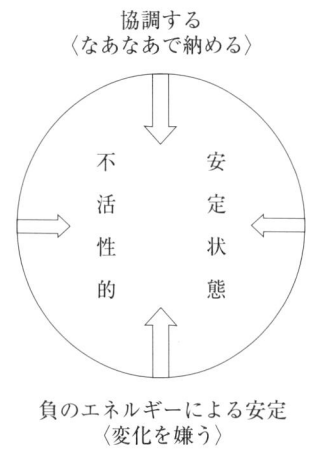

協調する
〈なあなあで納める〉

不活性的　安定状態

負のエネルギーによる安定
〈変化を嫌う〉

協力する
〈話し合い関係を広げる〉

活性的　不安定状態

正のエネルギーによる不安定
〈変化を取り込む〉

出所　柴田昌治『なぜ会社は変われないのか』日本経済新聞社 1998年 P65

う一種の悟りがあったり、「どうせ言っても無駄」というあきらめがどこかにあって、そのような目に見えない力がお互いを牽制し合って、ある種の安定状態を作り出しているという姿が見えることがあります。変革をしようとして途中で挫折する組織にはこのような見えざる力が働いていると思われます。それが悪しき企業風土です。「自分だけ言っても無駄」とか「言い出しっぺが損をする」とかいうマイナスの力の均衡を打破り、「ゆらぎ」を与えて活性化することが必要なのです[171]。

　活性化されている企業とは、創造的体質を持っている状態をいいます。これは人間が脳も身体も上手く使えている状態、すなわち人間が極めて人間的である状態を言います。そして、人間が本来的に持つ個性、創造性を発揮できる状態を企業の中に作ることが、企業が利益を上げるために有利に働く時代に変わってきたことを今一度しっかり認識しなければなりません。「仏をつくって魂入れず」にならないために、最後に常に活性化している企業風土

とはどのような状態か、そしてそのような風土を作りだすためには具体的にはどうすればよいのかについて検討し、今後の実践的課題としたいと思います。

　組織の中の「どうせ言っても無駄」だとか「言い出しっぺが損をする」とかいった「一種の悟り」がお互いを牽制し合い、創り出した一つの安定的状態を壊すような行動は、時に「異端者」として「村八分」になったり、「出る杭は打たれる」ことになったりします。この、危険を回避しようとする本能的な力によって、このような安定を乱す人間よりは決められた枠の中で安定的に仕事をする人がよしとされる傾向を、打ち破らなければなりません。このような安定的状態は組織の硬直化につながるので、いわゆる大企業病が蔓延することになり、環境の変化についていけないことになるからです。企業の体質改善とはこのような安定的状態にある組織にゆらぎを与えて活性化し、活力を与えることを意味するのです。

　かたや、活性化している状態とはみんなが意見を出し合って接点を見付ける努力をし、協力し合う状態と言えます。変化を嫌って「なあなあ」に甘んじるのではなく、ゆらぎが与えられたとき、それを常に乗り越えていく力を持ち続けている状態です。人間の集まりは放っておくと安定した状態に移行しやすいものです。したがって常に活性化しておくためには常に上質のゆらぎが与えられなければなりません。

　この悪しき安定状態にある組織では、人は問題を見付けても自分が努力して解決しようとはせず、「自分だけが言っても仕方がない」と見ない振りをしますから、問題を解決する力が次第に衰え、人々は自分から進んで問題に立ち向かおうとはしないので、自然と指示や管理の増強に注意が向けられ、その部分ばかりが肥大化し、ますます硬直的な組織になるという悪循環に陥ります。これら組織の老化現象を単に打ち壊すのでなく、「意図的に」不安定にしていくのが組織の体質改善のポイントです。上質の情報を社員に与えることにより、社員自身の中から意識改革をし、不安定な状況を作り出せる

人物を作り出し突破口にするなどの方法がとられていくことになります。そうして社員に自発性が出てきたら、そこから体質改善のボールは転がり出します。

　今日では、経済が物質的な力から意思の力へ、物質的資源に依存した大量加工から知識主導型のデザインへとシフトして来たので、21世紀には知識主導型の市場は社会全体の主流となります。したがって、ある事象が出現したときに俊敏に瞬発力が発揮できるためには「知」がコアになければならない、ということを述べてきました。そのような社会における市場では、いろいろな要素が絡み合って複雑化しているから、一つが変わると他も必ず変化します。それは単一の方向とは限らないし、線形の行動をするとも限りません。また非常に多様な要求を企業に突き付けることになりますから、自分で考えて行動する能力を持つ人はますます重要な存在となるし、企業ではそのような人こそ重要で大切であることを全員が認めて、全体が一つのシステムとして柔軟に機敏に変化していく組織とならなければなりません。これは、今はまだグローバルな大企業にとっての仮説に見えるかもしれませんが、いずれは中小企業であっても、個人事業であっても巻き込まれないではいられない流れでありましょう。それは、現実の経済が、あるいは企業経営が行き詰まってきている限り、受け入れざるを得ないのではないでしょうか。組織と制度と戦略が複雑に絡み合って企業変化は実現するのです。

　このようなスピーディに意思決定し行動できる組織にするための具体的な仕組みや考え方について論じてきました。そして今日では、市場を代表とする企業を取り巻くいろいろな関係者と、対話しながら成長してくようなスタイルが望まれており、そのためには一人の責任者が全ての意思決定をするような組織では機能しないことは明らかであるとして、そのための「場」としてマルチレイヤー組織を提案しました。これによって、外部との接点に位置する、自律的に動く小さな単位でそれぞれ判断し、決定して仕事が動く状態を出現さそうと考えました。このような自律分散的な状態を創り出し、話し

合える関係をベースに持ち、固定的な価値観ではなく、それぞれの局面においてもっとも能力を発揮できる人がリーダーになって当然という気風を定着させなければならないのです。

　今までのような、年功であったり職制上の順送り地位によって責任者が固定されてしまうことが当然という「常識」が覆される必要があります。しかし、今日でも肩書きや先輩後輩の序列の呪縛から我々は開放されたとはいえません。それぞれの案件や場面にもっとも適しい能力のある人間が、責任を持って意思決定するという考え方は、頭では理解できても身には付いていないといった事例は多く見られます。無理やり経験のない人達に「自分達で決めろ」と強制しても、責任を真に自覚していない当事者が、ただ機械的にまた前例に頼ってその案件を処理するなら、これほど組織にとってリスキーなことはありません。まず意思決定の仕方と責任の取り方が組織のなかで徹底されていなければならないのでしょう。

　現実の企業の取締役会や幹部会の現場で見られる状況があります。みんなで話し合いはするが、結論が出るまで徹底せず、適当なところで誰か独りにその後を押し付けたり、「とりあえず」「一応」結論らしきものを決めて形式を整えることで会議は終了するといったことです。けれど、納得もしていない、意思決定の当事者も責任者もあいまいなままで、当事者でさえ結論や方針を重視して本気で行動しないような決め方のままで、実効力があるわけがありません。すなわち「みんなで決めたこと」は「誰もが自分が決めていない」こととイコールで、その結果誰も「責任をもってフォローする状態」になっていないのです。形式的な稟議書に形だけの承認印が押されていくような場合も同様です。現場を理解していない「上層階の個室にこもっている」管理者が決定権を持っているようなシステムでは当然の結果でしょう。このような場合は"上"にお伺いを立てることで"下"は責任を"上"に預け、"上"は直接的に意思決定に関わっていないから、本気で責任を感じていないというようなことが起こります。一人一人が自分の責任で発案し、実行し、

フォローしようとする組織はそれだけで強い組織です。責任を自覚して行動する組織とはこのような組織のことです。必要なのは一人一人が「最後は自分の頭で考え、自分の責任で判断し行動する」ことが当たり前の風土の醸造です。何でもトップの合議で決めないと動いてはいけないという思い込みをなくし、小さなユニットで臨機応変に「責任を持って」判断し行動できるためには、責任の分散と同時に、それが基本的には全社的に認知されたルールであり、ビジョンやミッションを共有している土壌が不可欠であります。そして常日頃から情報はオープンで誰でもが意見を交換したり、批評し合ったり、アドバイスを求めたりできる環境の整備がインフラを含め整備されたとき、全てが一体となって機能し始めるのです。そこでは「自分の責任で判断し実行して失敗した」という最高の経験が生かされなければなりません。責任の所在のはっきりしない失敗は単なるロスになりますが、責任をもって全力をあげた失敗を大切な経験として組織全体の経営資源にしていく気風が醸造されたとき、柔軟で強い組織は誕生します[172]。

　スピードをもって現場が責任を伴う判断をし実行をしていく組織には、責任や権限が分散するが故のリスクも当然付きまといます。権限や責任を分散するという表面だけを切り取って実行するなら、それは単に意思決定者が分散して組織がバラバラになってしまうことになります。しかしリスクを恐れていては改革はできません。要は失敗をしてもそれを上回るスピードでそれをカバーし、軌道修正できれば恐れる必要はないことになります。また、現場が判断するときの基準が明確になっており、全社的に目指す方向が示されていれば、致命的な判断ミスも防げます。そのためにはビジョンとドメインが明確に示されている必要があります。そのようにして「それぞれの個は自律的に動いているが全体としては秩序がある」という組織を創り出すのです。

　このように考えてきて、行きつくのは小さな単位でお互いに話し合って納得し合って創り出していくユニット（レイヤー）があって、このような部分がつながり影響し合って成長していく組織です。話し合える関係がベースに

あり、組織全体としては何が優先されるべきかの規準を共有している組織、小さな単位で自律的に俊敏に動いていくチームの集合、新しいことにチャレンジすることが評価され、失敗は経験と認められる組織は、まさに体質改善して社員一人一人が生き生きと活動している活性化されている組織であると言うことができます。

162) 生理的欲求、安全への欲求、社会的欲求、自己尊敬の欲求、自己実現の欲求
163) 〔古川 97〕1 章 1 節参照
164) 〔古川 97〕1 章 2 節参照
165) 原因を何かに求めること
166) 〔古川 97〕1 章 4 節参照
167) 〔ピーターズ 94〕参照
168) 〔DHBR03/5〕48 ページ
169) 前掲　インタビュー記事におけるシャイン談
170) 〔柴田 98-1〕63 ページ
171) 〔柴田 98-1〕63～66 ページ
172) 〔柴田 98-1〕238～244 ページ

あとがき

　1998 年、私が修士論文を書いた時点では、自分の中ではまだまだネットワークの機能が理解できていませんでした。情報技術はスピーディに生の情報を伝達する技術であり、それが場所や時間に束縛されない新しい仕事の仕方を生み出すとは考えておらず、一番現場を理解し、把握している最前線の社員の知恵をどのようにまとめれば、新しいイノベーションにつなげられるのかについて焦点を当てていました。ボトムにおける様々な活動を混乱状態ではなく創造的カオス状態とするため、また個々の活動を烏合の衆の活動にせず、組織の未来に向かって束ねていくには、やはりリーダーが必要であると考え、そのリーダーになるための条件などを研究していました。いまだ、リーダーは直接的に組織や戦略に関わる固定的な人というイメージの中にいたのです。そのような枠のなかでは、人間についてまわる限定的合理性の限界や、現場におけるミッション遂行型のプロジェクト活動の奨励、トップによる全社的プル型リーダーシップ、生産現場のような定型的業務を行う場所での効率優先の考え方などをマッチさせることは不可能と思えました。

　経営トップがアメとムチで組織をコントロールする手法の一つとしてナレッジ・マネジメントを考え、どこまでも経営者の仕事は経営資源に対してそれを上手く組み合わせて成果をあげる直接的活動であるという枠のなかでしか考えられませんでした。しかし、その当時からの時間の経過のなかで、情報化がますます進展するさまを経験し、様々な経営の試みを観察するにつれて、そのような当時の考え方が、まだまだ自分の中に自然に根付いていた近代科学の考え方や、既存の人間観や経営観の殻を打ち破れないための苦しみであったことが鮮明になってきました。この自分の中にも染み付いていた固定観念ともいうべき殻を打ち破れればよいということを悟った瞬間から視

野は広がりを見せはじめました。人間観や社会観のような基本から考え方を整理し、構築することにより、かなり整理できてきたように感じています。これまでの経営学を始めとする数々の先達の功績をたずね、最近の研究の流れの中で新しい人間観や社会観を見、そして、人間とその活動の最たるものとしての企業活動を考え、その活動を促進する「場」としての企業組織を考えました。その結果が博士論文になったと思っています。そして、つたないながらも本書でその一端だけでも伝えられたなら、と願っています。

■参考文献

【日本語文献】

〔青野 98〕青野忠夫『NEC のコラボレーション革命』中経出版、1998 年

〔秋元・中西 03〕秋元直樹 中西真人『プロジェクト　マネジメント』かんき出版、2003 年

〔アンゾフ 94〕H・アンゾフ著 中村元一・黒田哲彦・崔大龍監訳『戦略経営の実践原理』ダイヤモンド社、1994 年

〔アルブレヒト 03〕カール・アルブレヒト著　有賀裕子 秋葉洋子訳『なぜ、賢い人が集まると愚かな組織ができるのか』ダイヤモンド社、2003 年

〔アーサーアンダーセン 99—1〕アーサーアンダーセンビジネスコンサルティング『ミッションマネジメント』生産性出版、1999 年

〔アーサーアンダーセン 99—2〕アーサーアンダーセンビジネスコンサルティング『戦略経理マネジメント』生産性出版、1999 年

〔アーサーアンダーセン 99—3〕アンダーセン コンサルティング『ビッグ・チェンジ』東洋経済新報社、1999 年

〔麻倉 98〕麻倉怜士『ソニーの革命児たち』IDG コミュニケーションズ、1998 年

〔アーサー 97—1〕B・アーサー「収穫逓増の経済学入門」週刊ダイヤモンド編集部・ダイヤモンド・ハーバード・ビジネス編集部共編『複雑系の経済学』ダイヤモンド社、1997 年

〔アーサー 97—2〕アーサー「収穫逓増とビジネスの新世界」週刊ダイヤモンド編集部・ダイヤモンド・ハーバード・ビジネス編集部共編『複雑系の経済学』ダイヤモンド社、1997 年

〔ピコット他 00〕アーノルド・ピコット、ラルフ・リッチワールド、ロルフ・ビガンド著　宮城徹訳『情報時代の企業管理の教科書』税務経理協会、2000 年

〔ボトキン 01〕ジム・ボトキン著　米倉誠一郎監訳『ナレッジ・イノベーション』ダイヤモンド社、2001 年

〔ブリーズ 98〕M・ブリーズ著金井壽宏・岩坂彰訳『会社の中の困った人たち』創元社、1998 年

〔Daft02〕Richard L Daft 著　高木晴夫訳『組織の経営学』ダイヤモンド社、2002 年

〔DHB97―1〕ダイヤモンド・ハーバード・ビジネス編集部『ネットワーク組織の行動革新』ダイヤモンド社、1997年

〔DHB97―2〕週刊ダイヤモンド編集部・ダイヤモンド・ハーバード・ビジネス編集部共編『複雑系の経済学』ダイヤモンド社、1997年

〔ダイヤモンド編集部97―1〕週刊ダイヤモンド編集部・ダイヤモンド・ハーバード・ビジネス編集部　共編『複雑系の経済学［入門と実践］』ダイヤモンド社、1997年

〔ダイヤモンド編集部97―2〕週刊ダイヤモンド編集部・ダイヤモンド・ハーバード・ビジネス編集部　共編『複雑系の経済学』ダイヤモンド社、1997年

〔ダイヤモンド編集部98〕週刊ダイヤモンド編集部・ダイヤモンド・ハーバード・ビジネス編集部　共編『複雑系のマネジメント』ダイヤモンド社、1998年

〔出口98〕出口弘「自己組織化とポリエージェント・システム」週刊ダイヤモンド編集部・ダイヤモンド・ハーバード・ビジネス編集部共編『複雑系のマネジメント』ダイヤモンド社、1998年

〔ドラッカー95〕P.ドラッカー著　上田惇生他訳『ポスト資本主義社会』ダイヤモンド社、1995年

〔ドラッカー98〕P.ドラッカー著　上田惇生訳『P.F.ドラッカー経営論集』ダイヤモンド社、1998年

〔ドラッカー99〕P.ドラッカー著　上田惇生訳『明日を支配するもの』ダイヤモンド社、1999年

〔ドラッカー00―1〕P.ドラッカー著　上田惇生訳『チェンジ・リーダーの条件』ダイヤモンド社、2000年

〔ドラッカー00―2〕P.ドラッカー著　上田惇生訳『イノベーターの条件』ダイヤモンド社、2000年

〔海老澤98〕海老澤栄一『生命力のある組織』中央経済社、1998年

〔海老澤・寺本・行時99〕海老澤栄一　寺本明輝　行時博孝『知恵が出る組織』同友館、1999年

〔フィナンシャル99〕フィナンシャル・タイムズ編　杉村雅人・森正人訳『組織行動と人的資源管理』、ダイヤモンド社、1999年

〔フクシマ99〕・グレン・フクシマ監修『経営イノベーション　成功の法則』ダイヤモンド社、1999年

〔ゲイツ99〕B・ゲイツ著　大原進訳『ビル・ゲイツ　思考スピードの経営』日本経済新聞社、1999年

〔ゴールドマン　メーゲル　プライス96〕S・L・ゴールドマン、R・N・メーゲル、K・プライス著　野中郁次郎監訳　紺野登訳『アジル・コンペティション』日本経済新聞社、1996年

〔花村00〕花村邦昭『知の経営革命』東洋経済新報社、2000年

〔橋田98〕橋田浩一「限定合理性と複雑性の研究」週刊ダイヤモンド編集部・ダイヤモンド・ハーバード・ビジネス編集部　共編『複雑系のマネジメント』ダイヤモンド社、1998年

〔HBRB00―1〕ハーバード・ビジネス・レビュー・ブックス『ナレッジ・マネジメント』ダイヤモンド社、2000年

〔HBRB00―2〕・ハーバード・ビジネス・レビュー・ブックス『不確実性の経営戦略』ダイヤモンド社、2000年

〔HBRB01〕ハーバード・ビジネス・レビュー・ブックス『ネットワーク戦略論』ダイヤモンド社、2001年

〔HBRB02〕・ハーバード・ビジネス・レビュー・ブックス『リーダーシップ』ダイヤモンド社、2002年

〔原田99〕原田保『ウィナーズ・ウェイ』同友館、1999年

〔原田00〕原田保『知識社会構築と組織革新』日科技連出版社、2000年

〔原田　松岡99〕原田保　松岡輝美『21世紀の経営戦略』新評論、1999年

〔林03〕林馨『情報化社会における企業統治システムの改革』同志社大学博士論文第168号

〔ヘッケル01〕スティーブ・ヘッケル著　坂田哲也・八幡和彦訳『適応力のマネジメント』ダイヤモンド社、2001年

〔ヘーゲル　アームストロング97〕ジョン・ヘーゲルⅢ世、アーサー・アームストロング著　マッキンゼー・ジャパン　バーチャルコミュニティ・チーム訳『ネットゲイン』日経BP社、1997年

〔本荘　校條97〕本荘修二・校條浩『HPインターネットの思想を取り込むリアルタイム経営』ダイヤモンド社　ダイヤモンド・ハーバード・ビジネス1997年1月号

〔本荘　校條99〕本荘修二・校條浩『成長を創造する経営』ダイヤモンド社、1999年

〔古川 97〕古川久敬『構造こわし：組織変革の心理学』誠信書房、1997 年

〔井原 00〕井原久光『テキスト経営学（増補版）』ミネルヴァ書房、2000 年

〔印南 97〕印南一路『すぐれた意思決定：判断と選択の心理学』中央公論社、1997 年

〔印南 99〕印南一路『すぐれた組織の意思決定』中央公論社、1999 年

〔伊丹 加護野 96〕伊丹敬之　加護野忠男『ゼミナール経営学入門』日本経済新聞社、1996 年

〔伊丹 99〕伊丹敬之『場のマネジメント』NTT 出版、1999 年

〔伊丹 00〕伊丹敬之 西口敏宏 野中郁次郎『場のダイナミズムと企業』東洋経済新報社、2000 年

〔伊藤 01〕伊藤元重『デジタルな経済』日本経済新聞社、2001 年

〔出井 佐和 98〕出井伸之 佐和隆光『「複雑系組織のマネジメントモデル」週刊ダイヤモンド編集部ダイヤモンド・ハーバード・ビジネス編集部共編『複雑系のマネジメント』ダイヤモンド社、1998 年

〔出井 00〕出井伸之『混迷の時代に』ワック、2000 年

〔メソッド研究会 97〕ケース・メソッド研究会著　坂井正廣・吉田優治監修『創造するマネージャー』白桃書房、1997 年

〔金子 86〕金子郁容『ネットワーキングへの招待』中央公論社、1986 年

〔唐沢 99〕唐沢昌敬『カオス時代のマネジメント』同文舘、1999 年

〔川合 水口 02〕川合歩、水口清一『バーチャル社会と意識進化』日新報道、2002 年

〔河合 01〕河合忠彦『複雑適応系リーダーシップ』有斐閣、2001 年

〔北矢 85〕北矢行男『ホロニック・カンパニー』TBS ブリタニカ、1985 年

〔北矢 99〕北矢行男『新装版　ホロニック・カンパニー』TBS ブリタニカ、1999 年

〔キーン マクドナルド 01〕ピーター・キーン、マーク・マクドナルド著 仙波孝康・中村祐二・西村裕二・前田健蔵監訳『バリュー・ネットワーク戦略』ダイヤモンド社、2001 年

〔クロー 01〕ゲオルク・フォン・クロー、一條和生 野中郁次郎『ナレッジ・イネーブリング』東洋経済新報社、2001 年

〔紺野 98〕紺野登『知識資産の経営』日本経済新聞社、1998 年

〔紺野 野中 99〕紺野登 野中郁次郎『知力経営』日本経済新聞社、1999 年

〔コッター ヘスケッ 94〕J・P・コッター J・L・ヘスケット著　梅津祐良訳『企業文化

が高業績を生む』ダイヤモンド社、1994 年
〔クルーグマン 97〕ポール・クルーグマン著　北村行伸・妹尾美起訳『自己組織化の経済学』東洋経済新報社、1997 年
〔レオナルド 01〕ドロシー・レオナルド著　阿部孝太郎・田畑暁生訳、『知識の源泉』ダイヤモンド社、2001 年
〔ローム 99〕W・ローム著　倉骨彰訳『マイクロソフト帝国　裁かれる闇』草思社、1999 年
〔前野 98〕前野芳子　修士論文『情報化社会における企業組織について』同志社大学 1998 年
〔前野 99〕前野芳子「複雑系社会における企業組織」太田進一編著『企業政策論と総合政策科学』中央経済社、1999 年
〔前野 00〕前野芳子「現代企業を取り巻く環境と企業の対応について」同志社政策科学研究第 2 巻（第 1 号）、2000 年
〔前野 01〕前野芳子「ネットワーク社会とマネジメント」太田進一　阿辻茂夫編『企業の政策科学とネットワーク』晃洋書房、2001 年
〔丸尾 95〕丸尾直美『創造政策論』有斐閣、1995 年
〔丸山 97〕丸山雅祥・成生達彦『現代のミクロ経済学』創文社、1997 年
〔宮川 96〕宮川公男『政策科学の基礎』東洋経済、1996 年
〔宮田 01〕宮田矢八郎『経営学 100 年の思想』ダイヤモンド社、2001 年
〔三和 95〕三和良一『概説日本経済史（近現代）』東京大学出版会、1995 年
〔森本 98〕森本三男『現代経営組織論』学文社、1998 年
〔森谷 97〕森谷正規『「複雑系」で読む日本の産業大転換』毎日新聞社、1997 年
〔仲田 93〕仲田正機『現代アメリカ管理論史』ミネルヴァ書房、1993 年
〔仲田他 94〕仲田正機・稲村毅・笹川儀三郎・山下高之『現代の経営管理』ミネルヴァ書房、1994 年
〔西室　野中 97〕西室泰三・野中郁次郎　特別対談『東芝　巨大組織におけるアジル（俊敏性）追求の方法論』（ダイヤモンド社　ダイヤモンド・ハーバード・ビジネス 1997 年 1 月号）
〔野中 96〕野中郁次郎『知識創造の経営』日本経済新聞社、1996 年
〔野中 97〕野中郁次郎『俊敏な知識創造経営』ダイヤモンド社、1997 年

〔野中 竹中 97〕野中郁次郎　竹中弘高『知識創造企業』東洋経済新報社、1997 年
〔野中他 97〕野中郁次郎　山下義通　小久保厚郎　佐久間陽一郎『イノベーション・カンパニー』ダイヤモンド社、1997 年
〔野村総研 99〕野村総合研究所『ナレッジ・マネジメント』野村総合研究所、1999 年
〔日本経営学会 00〕日本経営学会編『新しい世紀と企業経営の変革』千倉書房、2000 年
〔日本経営システム学会 01〕日本経営システム学会編『21 世紀の経営システム』東方出版、2001 年
〔日本経済新聞社 96〕日本経済新聞社編『シリコンバレー革命』日本経済新聞社、1996 年
〔太田 99〕太田進一編著『企業政策論と総合政策科学』中央経済社、1999 年
〔太田 阿辻 01〕太田進一　阿辻茂夫編著『企業の政策科学とネットワーク』晃洋書房、2001 年
〔太田 04〕太田進一編著『IT と企業政策』晃洋書房、2004 年
〔大谷 太田 真山 98〕大谷實　太田進一　真山達志『総合政策科学入門』成文堂、1998 年
〔大浦 98〕大浦勇三『ナレッジ・マネジメント革命』東洋経済新報社、1998 年
〔朴 03〕朴容寛『ネットワーク組織論』ミネルヴァ書房、2003 年
〔ピーターズ 94〕トム・ピーターズ著　大前研一監訳『自由奔放のマネジメント』（上・下）ダイヤモンド社、1994 年
〔ポラニー 80〕M・ポラニー著　佐藤敬三訳『暗黙知の次元』紀伊国屋書店、1980 年
〔リューイン 93〕ロジャー・リューイン著　糸川英夫監修『コンプレクシティへの招待』徳間書店、1993 年
〔ラグルス ホルツハウス 01〕ルディ・ラグルス，ダン・ホルツハウス　木川田一栄訳『知識革新力』ダイヤモンド社、2001 年
〔ロビンス 99〕ステファン・ロビンス著高木晴夫訳『組織行動のマネジメント』ダイヤモンド社、1999 年
〔坂本 94〕坂本和一『新しい企業組織モデルを求めて』晃洋書房、1994 年
〔佐藤 97〕佐藤修『複雑系の企業論』（週刊ダイヤモンド編集部・ダイヤモンド・ハーバード・ビジネス編集部　共編『複雑系の経済学』ダイヤモンド社、1997 年）
〔清家 99〕清家彰敏『進化型組織』同友館、1999 年

〔柴田 98—1〕柴田昌治『なぜ会社は変われないのか』日本経済新聞社、1998 年
〔柴田 98—2〕柴田昌治『コアネットワーク変革』ダイヤモンド社、1998 年
〔柴田 99〕柴田昌治『なんとか会社を変えてやろう』日本経済新聞社、1999 年
〔島野 98〕島野清志『ソニーの 2000 日：転落から神話復活』エール出版社、1998 年
〔篠崎 99〕篠崎彰彦『情報革命の構図』東洋経済新報社、1999 年
〔塩沢 97〕塩沢由典『複雑さの帰結』NTT 出版、1997 年
〔塩沢 西山 吉田 97〕塩沢由典・西山賢一・吉田和男 鼎談『複雑系としての経済・社会・企業』(週刊ダイヤモンド編集部・ダイヤモンド・ハーバード・ビジネス編集部 共編『複雑系の経済学』ダイヤモンド社、1997 年)
〔塩沢 98〕塩沢由典『複雑系経済学入門』生産性出版、1998 年
〔末松 千元 97〕末松千尋 千元倖生『ネットワーク型ベンチャー経営論』ダイヤモンド社、1997 年
〔谷間 03〕谷間真『非常識な組織づくりが会社を強くする』実業之日本社、2003 年
〔田尾 99〕田尾雅夫『組織の心理学』有斐閣ブックス、1999 年
〔高木 永戸 97〕高木春夫・永戸哲也『NTT バーチャル企業化プロジェクト』(ダイヤモンド社、ダイヤモンド・ハーバード・ビジネス 1997 年 1 月号)
〔高木 96〕高木春夫『ネットワーク リーダーシップ』日科技連、1996 年
〔高桑 97〕高桑郁太郎『リアルタイム経営』ダイヤモンド社、1997 年
〔竹内 99〕竹内貞雄『企業管理と情報技術』ミネルヴァ書房、1999 年
〔田中 坪井 97〕田中三彦・坪井賢一『複雑系の選択』ダイヤモンド社、1997 年
〔田中 96〕田中一成『グループウェアマネジメント』日本実業出版社、1996 年
〔田坂 97—1〕田坂広志『複雑系の経営』東洋経済新報社、1997 年
〔田坂 97—2〕田坂広志『複雑系の七つの知』週刊ダイヤモンド編集部・ダイヤモンド・ハーバード・ビジネス編集部 共編『複雑系の経済学』ダイヤモンド社、1997 年
〔田坂 97—3〕田坂広志『創発型ミドルの時代』日本経済新聞社、1997 年
〔田坂 98—1〕田坂広志『「暗黙知」の経営』徳間書房、1998 年
〔田坂 98—2〕田坂広志『イントラネット経営』生産性出版、1998 年
〔田坂 98—3〕田坂広志「創発型マネジメント・八つの発想転換」(週刊ダイヤモンド編集部・ダイヤモンド・ハーバード・ビジネス編集部 共編『複雑系のマネジメント』ダイヤモンド社、1998 年)

〔田坂 99〕田坂広志『市場創発戦略』(ダイヤモンド社　ダイヤモンド・ハーバード・ビジネス 1999 年 9 月号)

〔常盤 97〕常盤文克『花王ネットワーク最大活用のマネジメント』(ダイヤモンド社　ダイヤモンド・ハーバード・ビジネス　1997 年 1 月号)

〔常盤 99〕常盤文克『知と経営』ダイヤモンド社、1999 年

〔ウルリッヒ プロプスト 92〕H・ウルリッヒ、G・プロプスト編　徳安彰訳『自己組織化とマネジメント』東海大学出版会、1992 年

〔ベニス ミシュ 97〕ウォレン・ベニス マイケル・ミシュ著　田辺希久子訳『組織が元気になる時』ダイヤモンド社、1997 年

〔和多田 96〕和多田作一郎『パラダイム・シフト時代の戦略経営システム構築』実務教育出版、1996 年

〔ウィリアムソン 99〕O・E・ウィリアムソン著　飯野春樹監訳『現代組織論とバーナード』文真堂、1999 年

〔ホワイト マキナニー 00〕ショーン・ホワイト、フランシス・マキナニー著　竹中平蔵訳『スピードの経営革命』三笠書房、2000 年

〔矢作 青井 嶋口 和田 96〕矢作恒雄・青井倫一・嶋口充輝・和田充夫『インタラクティブ　マネジメント(関係性重視の経営)』ダイヤモンド社、1996 年

〔山下 上野 01〕山下久徳 上野可南子『50 の経営理論が 3 時間でマスターできる本』明日香出版社、2001 年

〔山田 97〕山田英夫『デファクト・スタンダード』日本経済新聞社、1997 年

〔横田 99〕横田絵理『フラット化組織の管理と心理』慶應義塾大学出版会、1999 年

〔吉川 97〕吉川智教「日本の R&D 型企業と収穫逓増の経済」(週刊ダイヤモンド編集部・ダイヤモンド・ハーバード・ビジネス編集部共編『複雑系の経済学』ダイヤモンド社、1997 年)

〔吉原 98〕吉原敬典『「開放系」のマネジメント革新』同文舘、1998 年

〔吉永 96〕吉永良正『「複雑系」とは何か』講談社現代新書、1996 年

【外国語文献】

〔Argyris57〕C. Argyris, *Personality and Organization: The Conflict Between System and the Individual*, New York: Harper & Row (邦訳　伊吹やま太郎・中村実訳『新訳　組織

とパーソナリティ』日本能率協会、1969 年)

〔Battram98〕Arthur Battram, *Navigating Complexity*, London, The Industrial Society, 1998.

〔Chandler62〕A. D. Chandler, *Strategy and Structure*, MIT Press, 1962(邦訳　三菱経済研究所訳『経営戦略と組織』実業之日本社、1967 年)

〔Dent98〕Harry Dent, *The Roaring 2000s*, Simon & Schuster Published 1998(邦訳　門田美鈴訳『2000 年資本主義社会の未来』PHP 研究所、2000 年)

〔Drucker97〕Peter F Drucker, *Toward the New Organization*, *The Organization of the Future*, ed. by F. Hesselbein・M. Goldsmith・R. Beckhard, Jossey—Bass Publishers, 1997.

〔Duques Gaske97〕Ric Duques・Paul Gaske, The *"Big" Organization of the Future*, *The Organization of the Future*, ed. by F. Hesselbein・M. Goldsmith・R. Beckhard, Jossey—Bass Publishers, 1997.

〔Elgin81〕Duane Elgin, *Voluntary Simplicity*, New York: c/o John Brockman Associates Inc, 1981(邦訳　星川淳訳『ボランタリー・シンプリシティ』TBS ブリタニカ、1987 年)

〔Habermas81〕Jurgen Habermas, *Theorie des kommunikativen Handelns*, Bde. 1—2, Suhrkamp Verlag, Ffm, 1981(邦訳　川上倫逸他訳『コミュニケーション的行為の理論(上)(中)(下)』未来社、上：1985 年、中：1986 年、下：1987 年)

〔Hammer93〕Michael Hammer & James Champy, *Reengineering*, New York: Linda Mishaels Literary Agency 1977(邦訳　野中郁次郎監訳『リエンジニアリング革命』日本経済新聞社、1993)

〔Hanaka Hawkins97〕Martin E. Hanaka・Bill Hawkins, *Organizing for Endless Winning*, *The Organization of the Future*, ed. By F. Hesselbein・M. Goldsmith・R. Beckhard, Jossey—Bass Publishers, 1997.

〔Handy97〕Charles Handy, *Trust and the Virtual Organization*, *Creating Value in the Network Economy*, ed. by Don Tapscott, Harvard Review Book, 1999.

〔Hesselbein97〕Frances Hesselbein, *The Circular Organization*, *The Organization of the Future*, ed. by F. Hesselbein・M. Goldsmith・R. Beckhard, Jossey—Bass Publishers, 1997.

〔Harmon Present97〕Frederick G. Harmon, *Future Present*, *The Organization of the Future* ed. by F. Hesselbein・M. Goldsmith・R. Beckhard, Jossey—Bass Publishers, 1997.

〔Inglehart77〕Ronald Inglehart, *The Silent Revolution*, New Jersey: Princeton University

Press（三宅一郎他訳『静かなる革命』東洋経済新報社、1990）

〔Inglehart90〕Ronald Inglehart, *Culture Shift in Advanced Industrial Society*, Princeton University Press（村上皓訳『カルチャーシフトと政治変動』東洋経済新報社、1993）

〔Jones97〕Clenn R. Jones, *Creating a Leadership Organization with a Learning Mission, The Organization of the Future*, ed. by F. Hesselbein・M. Goldsmith・R. Beckhard, Jossey—Bass Publishers, 1997.

〔Kanter97〕Rosabeth Moss Kanter, Restoring People to the Heart of the Organization of the Future, *The Organization of the Future*, ed. by F. Hesselbein・M. Goldsmith・R. Beckhard, Jossey—Bass Publishers, 1997.

〔Kanter Kao Wiersema97〕Rosabeth Moss Kanter, John Kao, Fred Wiersema, *Innovation,* by Harper Collins Publishers, 1997（邦訳 堀出一郎訳 イノベーション経営 日経BP社、1998年）

〔Kinsman90〕Francis Kinsman, *Millennium*（堀内義秀監訳『未来世紀』TBSブリタニカ、1991）

〔Levine Locke Searle Weinberger01〕Rick Levine, Christopher Locke, Doc Searle, David Weinberger, *The Cluetrain Manifesto*, A Subsidiary of Perseus Book L. L. C.（邦訳 倉骨彰「これまでのビジネスのやり方は終わりだ」日本経済新聞社、2001年）

〔Lincoln85〕Y. S.Lincoln *Organizational Theory and Inquiry*, California: sage Publication Inc（邦訳 寺本義也田役『組織理論のパラダイム革命』白桃書房、1990年）

〔Lipnack Stamps82〕Jessica Lipnack, Jeffrey Stamps, *Networking*, New York: Ron Bernstein Agency Inc, 1982（邦訳 正村公宏監修、日本開発統計研究所訳『ネットワーキング』プレジデント社、1984年）

〔Lipnack Stamps86〕Jessica Lipnack, Jeffrey Stamps, *The Networking Book*, New York and London: Routledge & Kegan Paul, 1986.

〔Lipnack Stamps Teams98〕Jessica Lipnack, Jeffrey Stamps, *Virtual Teams*, John Wiley & Sons Inc 1997（邦訳 榎本英剛訳『バーチャル・チーム』ダイヤモンド社、1998年）

〔Mantz Sims97〕Charles C Mantz, Henry P Sims Jr. *How Self—Managing Teams Are Building High—Performing Companies,*John Wiley & Sons Inc, 1995（邦訳 守島基博監訳 渋谷華子他訳『自律チーム型組織』生産性出版、1997年）

〔Marshall97〕Stephanie Pace Marshall, *Creating Sustainable Learning Communities for the*

Twenty—First Century, *The Organization of the Future*, ed. by F. Hesselbein・M. Goldsmith・R. Beckhard, Jossey—Bass Publishers, 1997.

〔McGregor60〕Douglas McGregor, *The Human Side of Enterprise*, New York: McGrew Hill（高橋達男訳『企業の人間的側面』産業能率短期大学、1966）

〔Milleer97〕Edward D. Milleer, *Shock Waves from the Communications Revolution*, *The Organization of the Future*, ed. by F. Hesselbein・M. Goldsmith・R. Beckhard, Jossey—Bass Publishers, 1997.

〔Mitchell Ogilvy Schwartz87〕Arnold Mitchell, James Ogilvy, Peter Schwartz, *The VALS Typology*, Menlo Park, California: SRI International（邦訳　吉福伸逸他役『パラダイム・シフト』TBSブリタニカ、1987年）

〔Morgan90〕Gareth Morgan, *Riding the Waves of Change*, San Francisco, Jossey—Bass Publishers, 1990.

〔Peters92〕Tom Peters, *Liberation Management*, New York: Alfred A. Knopf, Inc, 1992（邦訳　大前研一監訳　小木曽昭元訳『自由奔放のマネジメント（上）（下）』ダイヤモンド社、1994年）

〔Pfeffer97〕Jeffrey Pfeffer, *Will the Organization of the Future Make the Mistakes of the Past?*, *The Organization of the Future*, ed. by F. Hesselbein・M. Goldsmith・R. Beckhard, Jossey—Bass Publishers, 1997.

〔Schein80〕Edgar Schein, *Organizational Psychology*, 3rd edition, New Jersey: Prentice—Hill, Inc, 1980（邦訳　松井實夫訳『組織心理学（原書第三版）』岩波書店、1981年）

〔Shapiro99〕Carl Shapiro and Hal R. Varian, *Information Rules*, Harvard Business School Press, 1999（邦訳　千本倖生監訳　宮本喜一訳『「ネットワーク経済」の法則』IDGコミュニケーションズ、1999年）

〔Skyrme97〕David Skyrme, *CAPITALIZING ON KNOWLEDGE*, Elsevier Science Ltd, 2001.

〔Skyrme99〕David Skyrme, *Knowledge Networking*, BUTTERWORTH HEINEMANN, 1999.

〔Somerville Mroz97〕Iain Somerville・John Edwin Mroz, New Competencies for a New World, *The Organization of the Future*, ed.by F. Hesselbein・M. Goldsmith・R. Beckhard, Jossey—Bass Publishers, 1997.

〔Tapscott99〕Don Tapscott, *Creating Value in the Network Economy*, Harvard Business School Press, 1999.

〔Tissen Andrissen Deprez00〕Rene Tissen, Daniel Andrissen, Frank Lekanne Deprez, *The Knowledge Dividend*, Financial Times Management, 2000（邦訳　榎木千昭　渡辺善夫監訳『バリューベース・ナレッジマネジメント』ピアソン・エデュケーション、2000 年）

〔Watkins95〕K・E・Watkins, V・J・Marsick, *Sculpting the Learning Organization*, Jossey—Bass Inc Pub 1993（邦訳　神田良、岩崎尚人訳『「学習する組織」をつくる』日本能率協会マネイジメントセンター、1995 年）

〔Yankelovich81〕Daniel Yankelovich, *New Rules*, London: Deborah Rogers Ltd.（板坂元訳『ニュールール』三笠書房、1982 年）

【雑誌その他】

〔井上 98〕井上雅夫翻訳『プログラム関連米国判決集』1998 年　ホームページ（www.venus.dti.ne.jp）

〔組織科学 99〕組織学会編『組織科学』1999 年 NO1　『組織のメタファー』

〔組織科学 00〕組織学会編『組織科学』2000 年 NO2　『エージェントベースアプローチ』

〔組織科学 01〕組織学会編『組織科学』2001 年 NO4　『21 世紀組織論のグランドデザイン』

〔OA 学会 01/4〕OA 学会編 2001 年 4 月号『ビジネス　モデル』

〔OA 学会 01/7〕OA 学会編 2001 年 7 月号『効率化とマネジメント』

〔OA 学会 02/1〕OA 学会編 2002 年 1 月号『IE―政府論　II「効率」を考える』

〔OA 学会 02/7〕OA 学会編 2002 年 7 月号『ストラテジー＆IT 不況』

〔DHB96/3〕ダイヤモンド・ハーバード・ビジネス、1996 年 3 月号『リアルタイム・マーケティング』

〔DHB97/1〕ダイヤモンド・ハーバード・ビジネス、1997 年 1 月号『デジタル・ネットワーク　共創の戦略』

〔DHB97/11〕ダイヤモンド・ハーバード・ビジネス、1997 年 11 月号『ソニー＆シティコープ競争優位の戦略モデル』

〔DHB97/7〕ダイヤモンド・ハーバード・ビジネス、1997 年 7 月号『次世代リーダー

シップ　戦略思考と意思決定』

〔DHB97/9〕ダイヤモンド・ハーバード・ビジネス、1997年9月号『キャッシュフロー経営　戦略の選択』

〔DHB98/1〕ダイヤモンド・ハーバード・ビジネス、1998年1月号『知識イノベーション未来企業の条件』

〔DHB98/11〕ダイヤモンド・ハーバード・ビジネス、1998年11月号『サプライチェーン戦略　バリューチェーン再構築』

〔DHB99/9〕ダイヤモンド・ハーバード・ビジネス、1999年9月号『ナレッジ・マネジメント』

〔DHB99/11〕ダイヤモンド・ハーバード・ビジネス、1999年11月号『コーポレート・メトリックス』

〔DHB00/1〕ダイヤモンド・ハーバード・ビジネス、2000年1月号『企業競争力の原点』

〔DHB00/7〕ダイヤモンド・ハーバード・ビジネス、2000年7月号『IT戦略の統合マネジメント』

〔DHB01/1〕ダイヤモンド・ハーバード・ビジネス・レビュー、2001年1月号『ジャック・ウェルチのマネジメント』

〔DHB01/7〕ダイヤモンド・ハーバード・ビジネス・レビュー、2001年7月号『「見えざる資産」のアドバンテージ』

〔DHB01/8〕ダイヤモンド・ハーバード・ビジネス・レビュー、2001年8月号『知識シナジーのコラボレーション』

〔DHB02/6〕ダイヤモンド・ハーバード・ビジネス・レビュー、2002年6月号『分析力のプロフェッショナル』

〔DHB02/8〕ダイヤモンド・ハーバード・ビジネス・レビュー、2002年8月号『グループ経営の針路』

〔DHB02/11〕ダイヤモンド・ハーバード・ビジネス・レビュー、2002年11月号『「ハーバード流」ケース・スタディ講座』

〔DHB03/3〕ダイヤモンド・ハーバード・ビジネス・レビュー、2003年3月号『「学習する組織」のマネジメント』

〔DHB03/12〕ダイヤモンド・ハーバード・ビジネス・レビュー、2003年12月号『リーダーシップの心理学』

〔DHB04/4〕ダイヤモンド・ハーバード・ビジネス・レビュー、2004年4月『一流のリーダー 三流のリーダー』

〔ストラテジー 99/4〕日経情報ストラテジー 1999年4月号『花王の大変身』

〔ストラテジー 99/7〕日経情報ストラテジー 1999年7月号『知の大競争時代』

〔ストラテジー 00/4〕日経情報ストラテジー 2000年4月号『ナレッジ世紀の社員教育システム』

〔ストラテジー 04/10〕日経情報ストラテジー 2004年10月号『現状否定力』

〔日経ビジネス 00/6〕日経ビジネス 2000年6—19『出井伸之の多い8なる不安』

〔近代中小企業 00/9〕近代中小企業 2000年9月号『中小企業でもできるナレッジマネジメントの実践手順』

〔経営塾 00/7〕月刊経営塾 2000年7月号『ソニー進化論』

〈著者紹介〉

前野　芳子（まえの　よしこ）

昭和27年生まれ。京都府出身。同志社大学経済学部卒業。同志社大学大学院総合政策科学研究科博士課程修了。博士（政策科学）。

昭和61年公認会計士第3次試験合格。公認会計士・税理士。

現職／前野芳子公認会計士事務所所長。

主な著書

「複雑系社会における企業組織」（共著・中央経済社）、「ネットワーク社会とマネジメント」（共著・晃洋書房）、「企業における経営と組織の変遷とＩＴ」（共著・晃洋書房）、『『問答式　会計処理の変更と税務』（共著・清文社）、『Ｑ＆Ａ不良債権をめぐる法律・会計・税務』（共著・清文社）

翻　訳

「Value in the Network Economy by Don Tapscott」(企業政策研究会)
「Capitalizing on Knowledge by David Skyrme」（晃洋書房）、「Knowledge Networking by David Skyrme」（晃洋書房）

ネットワーク社会の企業組織

平成18年3月20日　発行

著　者ⓒ　前野芳子
発行者　小泉定裕

発行所　株式会社　清文社
URL　http://www.skattsei.co.jp/

大阪市北区天神橋2丁目北2－6（大和南森町ビル）
〒530-0041 ☎06(6135)4050 FAX06(6135)4059 振替00900-0-18351
東京都千代田区神田司町2－8－4（吹田屋ビル）
〒101-0048 ☎03(5289)9931 FAX03(5289)9917 振替00180-5-101996
広島市中区銀山町2－4（高東ビル）
〒730-0022 ☎082(243)5233 FAX082(243)5293 振替01310-2-29252

印刷・製本　亜細亜印刷㈱

■著作権法により無断複写複製は禁止されています。
■落丁・乱丁本はお取替えいたします。

ISBN4-433-27945-5　C2034 (O)